L'IDÉE DE L'EUROPE

L'idée de l'Europe

au Siècle des Lumières

Textes réunis par
Rotraud von Kulessa et Catriona Seth

OpenBook
Publishers

https://www.openbookpublishers.com

La Société française d'étude du XVIIIe siècle, l'Université d'Augsburg, l'Université d'Oxford ont généreusement contribué à la publication de ce volume.

Ceci est le sixième volume de notre série Open Book Classics.

ISSN (Imprimé) : 2054-216X
ISSN (Numérique) : 2054-2178

ISBN Broché : 978-1-78374-343-8
ISBN Relié : 978-1-78374-344-5
ISBN Numérique (PDF) : 978-1-78374-345-2
ISBN ebook Numérique (epub) : 978-1-78374-346-9
ISBN ebook Numérique (mobi) : 978-1-78374-347-6
DOI : 10.11647/OBP.0116

Image de couverture: Cannibal Queen, *Colours* (2011), https://www.flickr.com/photos/cannibal_queen/5791733736/. Couverture conçue par Heidi Coburn.

Tout le papier utilise par Open Book Publishers est certifié par les programmes de ressources renouvelables SFI (Sustainable Forestry Initiative) et PEFC (Programme for the Endorsement of Forest Certification Schemes).

Imprimé au Royaume Uni, aux États-Unis et en Australie par Lightning Source pour Open Book Publishers.

Table des matières

Pour faciliter les repérages du lecteur, nous avons donné aux extraits des titres qui figurent en gras après l'indication du nom de l'auteur et du texte dont est tiré le passage.

Didier Robert de Vaugondy, *Atlas Universel* (1737), carte n°14.
© Bibliothèques-Médiathèques de Metz ATR 5132

Préface

Le 25 mars 2017, le traité de Rome, qui jetait les bases d'une communauté économique européenne, a fêté ses 60 ans. Au Palazzo dei Conservatori, sur le Capitole, des représentants de six pays — les trois nations du Benelux, l'Allemagne de l'Ouest, la France et l'Italie — s'étaient réunis dans un climat de confiance pour mettre sur pied un accord international. Universitaires, juristes, diplomates, les douze signataires, dont certains étaient entrés en résistance ou avaient été emprisonnés pendant la guerre, entendaient renforcer les liens entre leurs pays et contribuer, par les échanges commerciaux, à stabiliser le continent. Or, six décennies plus tard, l'Union Européenne, qui compte désormais 28 États-membres (ou bientôt 27, avec le retrait britannique à l'horizon) doit affronter des réserves croissantes face au projet qui lui a donné le jour et à son expression. Le scepticisme est désormais dans l'air du temps, où que l'on regarde. Il est parfois nourri par un populisme qui cherche, par le retour aux particularismes et aux nationalismes, le salut d'une partie de la population dépassée par la mondialisation.

Face aux défis actuels — entre autres politiques — auxquels sont confrontés différents pays européens, les chercheurs dix-huitiémistes européens ont souhaité revenir sur des expressions anciennes de valeurs partagées et les interrogations passées sur des questions qui restent souvent d'actualité. Au Siècle des Lumières, nombre d'hommes et de femmes de lettres ont envisagé l'avenir du continent en particulier pour entériner leur souhait de garantir la paix en Europe. Les textes qui suivent, signés des grands auteurs du temps (Rousseau, Montesquieu, Voltaire, Kant, Hume ou encore Staël), comme d'oubliés de l'histoire, présentent, avec quelques *excursus* chronologiques (de Sully à Hugo) les réflexions de penseurs d'un dix-huitième siècle, aux bornes chronologiques étendues — l'émergence et la chute de l'Empire engendrent des interrogations nombreuses —, sur l'Europe, son histoire, sa diversité, mais aussi sur ce qu'ont en commun les nations qui composent, dans leur variété, un ensemble géographique. Ils mettent en évidence les origines historiques de l'idée d'union européenne avec des textes comme le *Projet pour rendre la paix perpétuelle en Europe* (1713). L'abbé de Saint-Pierre, auteur de cet essai, tente de proposer une solution novatrice aux convulsions violentes qui ont secoué son pays, la France, et les États voisins au moment de la guerre de succession d'Espagne : une union plutôt qu'un équilibre des puissances, et une association de la Turquie ou des pays du Maghreb pour les intégrer aux réseaux commerciaux, plutôt que de les en exclure. Il défend ce qu'il appelle « un Traité de *Police suprême*, ou d'*Arbitrage européen*, qui tienne toutes les parties de l'Europe unies en un même Corps. »

Comme lui, d'autres proposent des plans, relèvent des temps forts du passé, imaginent des développements futurs. Parfois ils se fourvoient, comme nous l'apprend le recul de deux siècles. Ils expriment à l'occasion des idées que nous ne partageons pas toujours ou qui paraissent désormais caduques. Ils ont en commun d'avoir voulu réfléchir à ce qui fait l'Europe dans sa bigarrure comme dans sa singularité, et aux manières d'en envisager l'avenir, d'en avoir célébré la diversité, d'en avoir souhaité, souvent, l'union.

Si au début du XIXe siècle l'idée de l'existence de caractères nationaux et d'identités y afférant continue de se frayer un chemin, des penseurs comme Germaine de Staël — à qui le prince de Ligne écrit « C'est bien pour vous qu'on pourrait mettre sur l'adresse : Au génie de l'Europe » —, ou encore Victor Hugo, qui envisage un modèle fédéral à l'américaine, n'arrêteront pas d'insister sur l'importance de l'unité européenne pour désamorcer les conflits futurs. Dans son célèbre discours au Congrès de la Paix de 1849, annonçant une époque où une guerre entre Paris et Londres, entre Pétersbourg et Berlin, entre Vienne et Turin paraîtrait aussi absurde et impossible qu'entre Rouen et Amiens ou Boston et Philadelphie, Hugo se faisait le héraut d'un avenir radieux : « Un jour viendra où la France, vous Russie, vous Italie, vous

Angleterre, vous Allemagne, vous toutes, nations du continent, sans perdre vos qualités distinctes et votre glorieuse individualité, vous vous fondrez étroitement dans une unité supérieure, et vous constituerez la fraternité européenne, absolument comme la Normandie, la Bretagne, la Bourgogne, la Lorraine, l'Alsace, toutes nos provinces, se sont fondues dans la France. » Il donnait le nom d'États-Unis d'Europe à ce qui correspond aux visions des fédéralistes de notre siècle. Il imaginait les progrès de la technique accompagnant ces avancées fraternelles : « Grâce aux chemins de fer, l'Europe bientôt ne sera pas plus grande que ne l'était la France au Moyen Âge ! Grâce aux navires à vapeur, on traverse aujourd'hui l'Océan plus aisément qu'on ne traversait autrefois la Méditerranée ! Avant peu, l'homme parcourra la terre comme les dieux d'Homère parcouraient le ciel, en trois pas. Encore quelques années, et le fil électrique de la concorde entourera le globe et étreindra le monde. »

L'optimisme de Victor Hugo aurait été mis à mal par la montée des populismes et la crainte de l'étranger qui entachent à l'occasion les relations actuelles au sein des sociétés occidentales, mais garde une résonance pour nous qui refusons de nous laisser vaincre par l'esprit de suspicion et nous identifions par un héritage et des ambitions communs, qui célébrons nos différences comme des occasions de partage et d'enrichissement. Sachons écouter Gibbon pour lequel le véritable philosophe pense à l'échelle de l'Europe et ne se laisse pas contraindre par les frontières nationales. Examinons les propositions de Constant pour amener la fin des guerres. Les aspirations de ces penseurs éclairés, même si elles sont parfois marquées au coin de leur temps ou d'un eurocentrisme passé de mode, méritent d'être entendues. Nous sommes leurs héritiers. Ceux qui nous succèdent pourront, à bon escient, demander des comptes sur le devenir de ce legs intellectuel. La présente anthologie, fruit d'une collaboration internationale, offre une diversité d'approches et d'idées et peut-être parcourue au gré de l'envie du lecteur. Elle se veut à l'usage de tous les Européens et sera traduite en anglais et en allemand[i].

---

i   Les extraits qui ne sont pas tirés d'éditions de langue française ont été traduits par les soins des contributeurs au présent volume. L'orthographe a été modernisée.

Les éditrices tiennent à remercier tout particulièrement les collègues et amis qui leur ont apporté une collaboration précieuse à l'occasion de la préparation de ce volume, Nicolas Brucker (Metz), Denis de Casabianca (Marseille), Carole Dornier (Caen), Fabio Forner (Vérone), Marie-Claire Hoock-Demarle (Paris), Juan Ibeas (Vitoria), Frank Reiser (Freiburg), Ritchie Robertson (Oxford et Göttingen), Lydia Vázquez (Vitoria) ainsi que les institutions suivantes : la Société française d'étude du XVIIIᵉ siècle, l'Université d'Augsburg, l'Université d'Oxford.

1. Un hymne pour l'Europe

Associé à la neuvième symphonie de Beethoven, un poème de Friedrich Schiller (1759–1805[i]), l'« Ode à la joie », est devenu l'hymne européen après avoir été chanté dans des salles de concert et des camps de concentration, en Allemagne et bien au-delà des frontières. Symbole de réconciliation, il témoigne à la fois d'une culture classique commune et de l'aspiration à un avenir de fraternité. Le poème, rédigé en 1785, est marqué par le piétisme des proches de l'auteur, mais aussi par un esprit d'ouverture.

O Freunde, nicht diese Töne!
Sondern laßt uns angenehmere anstimmen
und freudenvollere.

Ô amis, pas de ces accents !
Laissez-nous en entonner de plus agréables,
Et de plus joyeux !

Freude, schöner Götterfunken
Tochter aus Elysium,
Wir betreten feuertrunken,
Himmlische, dein Heiligtum!
Deine Zauber binden wieder
Was die Mode streng geteilt;
Alle Menschen werden Brüder
Wo dein sanfter Flügel weilt.

Joie, belle étincelle des Dieux,
Fille de l'Élysée
Ivres de feu, nous pénétrons
Dans ton sanctuaire, ô divinité !
Ta magie unit à nouveau
Ce que la coutume a sévèrement divisé.
Tous les hommes seront frères
Là où ta douce aile se déploie.

Wem der große Wurf gelungen,
Eines Freundes Freund zu sein;
Wer ein holdes Weib errungen,
Mische seinen Jubel ein!
Ja, wer auch nur eine Seele
Sein nennt auf dem Erdenrund!
Und wer's nie gekonnt, der stehle

Celui qui a eu la grande chance
D'être l'ami d'un ami,
Celui qui a trouvé une épouse jolie,
Qu'il mêle sa jubilation à la nôtre.
Oui, de même celui qui n'appelle sienne
Qu'une seule âme sur toute la terre,
Et que celui qui jamais ne l'a su se dérobe

---

i   https://commons.wikimedia.org/wiki/File:Anton_Graff_Schiller_(1).jpg

Weinend sich aus diesem Bund!	En pleurs à cette union !
Freude trinken alle Wesen	Toutes les créatures boivent la joie
An den Brüsten der Natur;	Au sein de la Nature ;
Alle Guten, alle Bösen	Tous les bons, tous les méchants,
Folgen ihrer Rosenspur.	Suivent son chemin de roses.
Küsse gab sie uns und Reben,	Elle nous a donné des baisers et la vigne,
Einen Freund, geprüft im Tod;	Un ami, jusqu'à la mort.
Wollust ward dem Wurm gegeben,	Même le ver a reçu la volupté
und der Cherub steht vor Gott.	Et le chérubin se tient devant Dieu.
Froh, wie seine Sonnen fliegen	Joyeux, comme ses soleils qui volent
Durch des Himmels prächt'gen Plan,	Sur les routes splendides des Cieux,
Laufet, Brüder, eure Bahn,	Poursuivez, frères, votre course,
Freudig, wie ein Held zum Siegen.	Euphoriques, comme le héros qui vole
	à la victoire.
Seid umschlungen, Millionen!	Soyez embrassés, millions!
Diesen Kuß der ganzen Welt!	Ce baiser du monde entier !
Brüder, über'm Sternenzelt	Frères, au-dessus de la voûte étoilée
Muß ein lieber Vater wohnen	Un père chéri doit habiter.
Ihr stürzt nieder, Millionen?	Millions, vous vous agenouillez ?
Ahnest du den Schöpfer, Welt?	Monde, pressens-tu ton créateur ?
Such' ihn über'm Sternenzelt!	Cherche-le au-dessus du firmament !
Über Sternen muß er wohnen.	Il doit demeurer au-delà des étoiles.

Friedrich Schiller, « Ode à la joie », 1785

Pour lire le texte original en ligne (édition de 1808) :
https://de.wikisource.org/wiki/Ode_an_die_Freude

2. Le grand dessein de Henri IV

Les mémoires de Maximilien de Béthune, duc de Sully (1559–1641[i]), sont le seul témoignage que nous ayons du grand dessein de Henri IV (1553–1610), roi de France dès 1589, à savoir la confédération d'une Europe chrétienne. Cela lui paraissait tellement chimérique, dit-il, qu'il écouta à peine le monarque la première fois que celui-ci envisagea devant lui « un système politique par lequel on pouvait partager et conduire toute l'Europe comme une famille. » Henri IV pense qu'aucune des nations concernées ne pourra rejeter l'idée compte tenu des avantages qui peuvent en être tirés : « Le profit qu'on leur assure, outre le bien inestimable de la paix, surpasse de beaucoup la dépense à laquelle on les engage. » Dans le contexte des conflits en Europe et notamment dans l'objectif d'enrayer le pouvoir de la couronne espagnole et d'apaiser les conflits religieux, le souverain français conçoit ce plan, en consultant la reine d'Angleterre Élisabeth afin de garantir une paix solide en Europe. Son projet inspira celui de l'abbé de Saint-Pierre au XVIIIe siècle.

Il [Henri IV] voulait rendre la France éternellement heureuse, et comme elle ne peut goûter cette parfaite félicité, qu'en un sens toute l'Europe ne la partage avec elle, c'était le bien de toute la chrétienté qu'il voulait faire,

---

i   https://commons.wikimedia.org/wiki/File:Maximilien-de-Sully.jpg

et d'une manière si solide, que rien à l'avenir ne fût capable d'en ébranler les fondements. [...]

Les troubles qui remplirent toutes les années suivantes, la guerre qui leur succéda en 1595, celle qui survint contre la Savoie après la paix de Vervins, jetèrent Henri dans des embarras, qui l'obligèrent à renoncer à toute autre sorte d'affaires. Ce ne fut qu'après son mariage, et la paix étant bien affermie, qu'il put reprendre la pensée de son premier dessein, qui paraissait plus impossible, ou du moins plus éloigné que jamais.

Il le communiqua néanmoins par lettres à Élisabeth, et ce fut ce qui leur inspira une si forte envie de s'aboucher en 1601, lorsque cette princesse vint à Douvres, et qu'il s'avança jusqu'à Calais. [...] Je la trouvai fortement occupée des moyens de faire réussir ce grand projet ; et malgré les difficultés qu'elle imaginait dans ces deux points principaux, la conciliation des religions et l'égalité des puissances, elle me parut ne point douter qu'on ne pût le faire réussir. [...]

La mort du roi d'Espagne nous parut l'événement le plus heureux pour notre dessein ; mais celle d'Élisabeth y porta un coup si sensible, qu'il s'en fallut peu qu'elle ne nous le fît abandonner tout à fait. Henri n'attendait point des rois du Nord, ni du roi Jacques, successeur de cette princesse, lorsqu'il eût connu le caractère de son esprit, qu'aucun d'eux consentît d'aussi bonne grâce que faisait la reine d'Angleterre, à partager ce fardeau avec lui. Cependant les nouveaux alliés qu'il gagnait chaque jour en Allemagne et dans l'Italie même, le consolèrent un peu de cette perte. [...]

Qu'est-ce que ce prince [Henri IV] exigeait de l'Europe en cette occasion ? Rien autre chose, sinon qu'elle se prête aux moyens qu'il a imaginés pour la placer dans la position où elle tend depuis longtemps par tous ses efforts, à se voir établie. [...] Il [Henri IV] a trouvé le secret de persuader tous ses voisins, que son unique objet est de s'épargner, ainsi qu'à eux, ces sommes immenses que leur coûtent tant de millions de gens de guerre, tant de places fortifiées et tant d'autres dépenses militaires ; de les délivrer pour jamais de la crainte de ces catastrophes sanglantes, si communes en Europe ; de leur procurer un repos inaltérable ; enfin de les unir tous par un lien indissoluble : en sorte que tous ces princes eussent pu après cela vivre entre eux comme des frères, et se visiter les uns les autres comme de bons voisins, sans l'embarras du cérémonial, sans la dépense d'un train, qu'on n'expose que pour éblouir, souvent pour cacher sa misère.

Je suis persuadé cependant, que cette idée aurait été si fort du goût de tous ces princes, qu'après qu'ils auraient conquis par ce moyen, tout ce qu'ils ne doivent pas souffrir qu'aucun étranger partage avec eux en Europe, ils auraient cherché à y joindre les parties de l'Asie, le plus à leur commodité, et surtout la côte entière d'Afrique, trop voisine de nos États, pour n'en être pas incommodés. Une précaution unique à prendre, par rapport à tous les pays conquis, eût été d'y fonder de nouveaux royaumes, qu'on déclarerait unis à la république chrétienne, et qu'on distribuerait à différents princes, en excluant soigneusement ceux qui tiendraient déjà rang parmi les souverains de l'Europe.

Maximilien de Béthune, duc de Sully, *Mémoires* (1778).

Pour lire le texte original en ligne (édition de 1778) :
https://books.google.de/books?id=t-iAVIeyd8UC
&printsec=frontcover

3. L'Europe : un projet pour la paix

Castel de Saint-Pierre (1658–1743[i]), membre de l'Académie française, ami de Fontenelle, auteur de mémoires politiques, rédigea son Projet pour rendre la paix perpétuelle en Europe *au moment où les belligérants de la guerre de succession d'Espagne faisaient des propositions de paix qui aboutiront aux traités d'Utrecht et de Rastatt. Il publia en 1713, la version la plus achevée d'un projet destiné au maintien d'une paix durable sur le continent.* Montrant l'inefficacité du modèle de l'équilibre des puissances, il plaide pour une fédération des États d'Europe. Les souverainetés européennes (la France, l'Espagne, l'Angleterre, la Hollande, le Portugal, la Suisse, Florence, Gênes et ses associés, l'État ecclésiastique, Venise, la Savoie, la Lorraine, le Danemark, l'empereur et l'empire, la Pologne, la Suède et la Moscovie) pourraient signer un traité d'union et tenir un congrès perpétuel afin de former une société permanente. Un tribunal d'arbitrage permettrait de régler les conflits. Cet écrit novateur vaudra à son auteur, avec une certaine célébrité, une réputation tenace d'utopiste. Ayant indiqué qu'il propose les moyens de rendre la Paix perpétuelle entre tous les États chrétiens, il continue ainsi.*

Il me parut alors nécessaire de commencer par faire quelques réflexions sur la nécessité où sont les souverains d'Europe, comme les autres hommes, de vivre en paix, unis par quelque société permanente, pour vivre plus heureux, sur la nécessité où ils se trouvent d'avoir des guerres entre eux, pour la possession ou pour le partage de quelques biens, et enfin sur les moyens dont ils se sont servis jusqu'à présent, soit pour se dispenser d'entreprendre des guerres, soit pour n'y pas succomber quand elles ont été entreprises.

Je trouvais que tous ces moyens se réduisaient à se faire des promesses mutuelles écrites ou dans des traités de commerce, de trêve, de paix, où l'on règle les limites du territoire, et les autres prétentions réciproques, ou dans des traités de garantie ou de ligue offensive et

---

i   https://commons.wikimedia.org/wiki/File:Castel-de-saintpierre02.jpg

définitive pour établir, pour maintenir, ou pour rétablir l'équilibre de puissance des maisons dominantes ; système qui jusqu'ici semble être le plus haut degré de prudence, auquel les souverains d'Europe et les ministres aient porté leur politique. [...]

1. La constitution présente de l'Europe ne saurait jamais produire que des Guerres presque continuelles ; parce qu'elle ne saurait jamais procurer de sûreté suffisante de l'exécution des Traités.

2. L'Équilibre de puissance entre la Maison de France et la Maison d'Autriche ne saurait procurer de sûreté suffisante ni contre les Guerres étrangères, ni contre les Guerres civiles, et ne saurait par conséquent procurer de sûreté suffisante soit pour la conservation des États, soit pour la conservation du Commerce.

[...] Je cherchais ensuite si les souverains ne pourraient pas trouver quelque sûreté suffisante de l'exécution des promesses mutuelles en établissant entre eux un arbitrage perpétuel, je trouvais que si les dix-huit principales souverainetés d'Europe pour se conserver dans le gouvernement présent, pour éviter la guerre entre elles, et pour se procurer tous les avantages d'un commerce perpétuel de nation à nation, voulaient faire un traité d'union et un congrès perpétuel à peu près sur le même modèle, ou des sept souverainetés de Hollande, ou des treize souverainetés de Suisse[ii], ou des souverainetés d'Allemagne, et former l'Union européenne sur ce qu'il y a de bon dans ces unions, et surtout dans l'union germanique composée de plus de deux cents souverainetés, je trouvais, dis-je, que les plus faibles auraient sûreté suffisante, que la grande puissance des plus forts ne pourrait leur nuire, que chacun garderait exactement les promesses réciproques, que le commerce ne serait jamais interrompu, et que tous les différends futurs se termineraient sans guerre par la voie des arbitres, sûreté que l'on ne peut jamais trouver sans cela. [...]

1. Les mêmes motifs et les mêmes moyens qui ont suffi pour former autrefois une Société permanente de toutes les souverainetés d'Allemagne, sont à la portée et au pouvoir des souverains

---

ii   La république des sept Provinces-Unies des Pays-Bas et la confédération des treize cantons sont les désignations usuelles de la Hollande et de la Suisse à l'époque et traduisent l'organisation politique de ces États.

d'aujourd'hui, et peuvent suffire pour former une Société permanente de toutes les souverainetés chrétiennes de l'Europe.

2. L'approbation que la plupart des souverains d'Europe donnèrent au projet de Société Européenne que leur proposa Henri le Grand, prouve que l'on peut espérer qu'un pareil Projet pourra être approuvé par leurs successeurs.

[…] Dans la seconde ébauche le projet embrassait tous les États de la terre ; mes amis m'ont fait remarquer que quand même dans la suite des siècles la plupart des souverains d'Asie et d'Afrique demanderaient à être reçus dans l'Union, cette vue paraissait si éloignée, et embarrassée de tant de difficultés, qu'elle jetait sur tout le projet un air, une apparence d'impossibilité qui révoltait tous les lecteurs ; ce qui en portait quelques-uns à croire que restreint même à la seule Europe chrétienne, l'exécution en serait encore impossible, je me suis d'autant plus volontiers rendu à leur avis, que l'Union de l'Europe suffit à l'Europe pour la conserver toujours en paix, et qu'elle sera assez puissante pour conserver ses frontières et son commerce malgré ceux qui voudraient l'interrompre. Le conseil général qu'elle pourra établir dans les Indes, deviendra facilement l'arbitre des souverains de ce pays-là, et les empêchera par son autorité de prendre les armes : le crédit de l'Union sera d'autant plus grand parmi eux qu'ils seront sûrs qu'elle ne veut que des sûretés pour son commerce, que ce commerce ne saurait que leur être très avantageux, qu'elle ne songe à faire aucune conquête, et qu'elle ne regardera jamais comme ennemis, que les ennemis de la paix.

Charles-Irénée Castel de Saint-Pierre,
Projet pour rendre la paix perpétuelle en Europe (1713).

Pour lire le texte original en ligne (édition de 1713, tome I) :
http://gallica.bnf.fr/ark:/12148/bpt6k86492n?rk=21459;2

Pour lire le texte original en ligne (édition de 1713, tome II) :
http://gallica.bnf.fr/ark:/12148/bpt6k864930?rk=42918;4

4. Examen du projet de l'abbé de Saint-Pierre

Jean-Jacques Rousseau (1712–1778[i]), qui exprime dans des fragments sur Saint-Pierre ses doutes sur les possibilités de réforme proposées par l'abbé, rédige un Extrait du Projet de paix perpétuelle *(1761). C'est sous cette forme qu'il leur a donnée que les idées de son prédécesseur sur une confédération européenne sont véritablement connues en Europe. Dans le début de l'*Extrait, *pour entrer dans les vues de son prédécesseur et les soutenir, Rousseau fait un détour par l'histoire et déploie une argumentation que l'on ne trouve pas dans le Projet de paix perpétuelle. Alors que l'abbé de Saint-Pierre parle d'unir les souverains, Rousseau évoque une union des peuples. Il y a un « système de l'Europe » qui ne désigne pas la pluralité des souverainetés européennes censées se neutraliser, mais l'interdépendance des peuples produite par des causes historiques, et dont les rapports sont complexes et ambivalents, puisque cette société civile européenne va avec des guerres incessantes.*

Outre ces confédérations publiques, il s'en peut former tacitement d'autres moins apparentes et non moins réelles, par l'union des intérêts, par le rapport des maximes, par la conformité des coutumes, ou par d'autres circonstances qui laissent subsister des relations communes entre des peuples divisés. C'est ainsi que toutes les puissances de l'Europe forment entre elles une sorte de système qui les unit par une même religion, par un même droit des gens, par les mœurs, par les lettres, par le commerce, et par une sorte d'équilibre qui est l'effet nécessaire de tout cela ; et qui, sans que personne songe en effet à le conserver, ne serait pourtant pas si facile à rompre que le pensent beaucoup de gens.

Cette société des peuples de l'Europe n'a pas toujours existé, et les causes particulières qui l'ont fait naître servent encore à la maintenir. En effet, avant les conquêtes des Romains, tous les Peuples de cette

---

partie du monde, barbares et inconnus les uns aux autres, n'avaient rien de commun que leur qualité d'hommes, qualité qui, ravalée alors par l'esclavage, ne différait guère dans leur esprit de celle de brute. Aussi les Grecs, raisonneurs et vains, distinguaient-ils, pour ainsi dire, deux espèces dans l'humanité ; dont l'une, savoir la leur, était faite pour commander ; et l'autre, qui comprenait tout le reste du monde, uniquement pour servir. De ce principe, il résultait qu'un Gaulois ou un Ibère n'était rien de plus pour un Grec que n'eût été un Cafre ou un Américain ; et les barbares eux-mêmes n'avaient pas plus d'affinité entre eux que n'en avaient les Grecs avec les uns et les autres.

Mais quand ce Peuple, souverain par nature, eut été soumis aux Romains ses esclaves, et qu'une partie de l'hémisphère connu eut subi le même joug, il se forma une union politique et civile entre tous les membres d'un même empire. Cette union fut beaucoup resserrée par la maxime, ou très sage ou très insensée, de communiquer aux vaincus tous les droits des vainqueurs, et surtout par le fameux décret de Claude, qui incorporait tous les sujets de Rome au nombre de ses citoyens. À la chaîne politique qui réunissait ainsi tous les membres en un corps, se joignirent les institutions civiles et les lois, qui donnèrent une nouvelle force à ces liens, en déterminant d'une manière équitable, claire et précise, du moins autant qu'on le pouvait dans un si vaste empire, les devoirs et les droits réciproques du prince et des sujets, et ceux des citoyens entre eux. Le code de Théodose, et ensuite les livres de Justinien furent une nouvelle chaîne de justice et de raison, substituée à propos à celle du pouvoir souverain, qui se relâchait très sensiblement. Ce supplément retarda beaucoup la dissolution de l'empire, et lui conserva longtemps une sorte de juridiction sur les barbares mêmes qui le désolaient.

Un troisième lien, plus fort que les précédents, fut celui de la religion, et l'on ne peut nier que ce ne soit surtout au christianisme que l'Europe doit encore aujourd'hui l'espèce de société qui s'est perpétuée entre ses membres ; tellement que celui de ses membres qui n'a point adopté sur ce point le sentiment des autres, est toujours demeuré comme étranger parmi eux. Le christianisme, si méprisé à sa naissance, servit enfin d'asile à ses détracteurs. Après l'avoir si cruellement et si vainement persécuté, l'empire romain y trouva les ressources qu'il n'avait plus dans ses forces ; ses missions lui valaient mieux que des victoires ; il envoyait des évêques réparer les fautes de ses généraux, et triomphait par ses prêtres quand ses soldats étaient battus. C'est ainsi que les Francs, les Goths, les Bourguignons, les Lombards, les Avares et mille autres reconnurent enfin l'autorité de l'empire après l'avoir subjugué, et reçurent, du moins en apparence, avec la loi de l'Évangile celle du prince qui la leur faisait annoncer.

Tel était le respect qu'on portait encore à ce grand corps expirant, que jusqu'au dernier instant ses destructeurs s'honoraient de ses titres ; on voyait devenir officiers de l'empire, les mêmes conquérants qui l'avaient avili ; les plus grands rois accepter, briguer même les honneurs patriciaux, la préfecture, le consulat ; et, comme un lion qui flatte l'homme qu'il pourrait dévorer, on voyait ces vainqueurs terribles rendre hommage au trône impérial, qu'ils étaient maîtres de renverser.

Voilà comment le sacerdoce et l'empire ont formé le lien social de divers peuples, qui, sans avoir aucune communauté réelle d'intérêts, de droits ou de dépendance, en avaient une de maximes et d'opinions, dont l'influence est encore demeurée, quand le principe a été détruit. Le simulacre antique de l'empire romain a continué de former une sorte de liaison entre les membres qui l'avaient composé ; et Rome ayant dominé d'une autre manière après la destruction de l'empire, il est resté de ce double lien une société plus étroite entre les nations de l'Europe, où était le centre des deux puissances, que dans les autres parties du monde, dont les divers peuples, trop épars pour se correspondre, n'ont de plus aucun point de réunion.

Joignez à cela la situation particulière de l'Europe, plus également peuplée, plus également fertile, mieux réunie en toutes ses parties ; le mélange continuel des intérêts que les liens du sang et les affaires du commerce, des arts, des colonies ont mis entre les Souverains ; la multitude des rivières et la variété de leur cours, qui rend toutes les communications faciles ; l'humeur inconstante des habitants, qui les porte à voyager sans cesse et à se transporter fréquemment les uns chez les autres ; l'invention de l'imprimerie et le goût général des lettres, qui a mis entre eux une communauté d'études et de connaissances ; enfin la multitude et la petitesse des états, qui, jointe aux besoins du luxe et à la diversité des climats, rend les uns toujours nécessaires aux autres. Toutes ces causes réunies forment de l'Europe, non seulement comme l'Asie ou l'Afrique, une idéale collection de peuples qui n'ont de commun qu'un nom, mais une société réelle qui a sa religion, ses mœurs, ses coutumes et même ses lois, dont aucun des peuples qui la composent ne peut s'écarter sans causer aussitôt des troubles.

À voir, d'un autre côté, les dissensions perpétuelles, les brigandages, les usurpations, les révoltes, les guerres, les meurtres, qui désolent journellement ce respectable séjour des sages, ce brillant asile des sciences et des arts ; à considérer nos beaux discours et nos procédés horribles, tant d'humanité dans les maximes et de cruauté dans les actions, une religion si douce et une si sanguinaire intolérance, une politique si sage dans les livres et si dure dans la pratique, des chefs si bienfaisants et des peuples si misérables, des gouvernements si modérés et des guerres si cruelles : on sait à peine comment concilier ces étranges contrariétés ; et cette fraternité prétendue des peuples de l'Europe ne semble être qu'un nom de dérision, pour exprimer avec ironie leur mutuelle animosité.

Cependant les choses ne font que suivre en cela leur cours naturel ; toute société sans lois ou sans chefs, toute union formée ou maintenue par le hasard, doit nécessairement dégénérer en querelle et dissension à la première circonstance qui vient à changer. L'antique union des peuples de l'Europe a compliqué leurs intérêts et leurs droits de mille manières ; ils se touchent par tant de points, que le moindre mouvement des uns ne peut manquer de choquer les autres ; leurs divisions sont d'autant plus funestes, que leurs liaisons sont plus intimes ; et leurs fréquentes querelles ont presque la cruauté des guerres civiles.

Convenons donc que l'état relatif des puissances de l'Europe est proprement un état de guerre, et que tous les traités partiels entre quelques-unes de ces puissances sont plutôt des trêves passagères que de véritables paix ; soit parce que ces traités n'ont point communément d'autres garants que les parties contractantes, soit parce que les droits des unes et des autres n'y sont jamais décidés radicalement, et que ces droits mal éteints, ou les prétentions qui en tiennent lieu entre des puissances qui ne reconnaissent aucun supérieur, seront infailliblement des sources de nouvelles guerres, sitôt que d'autres circonstances auront donné de nouvelles forces aux prétendants. […]

Les causes du mal étant une fois connues, le remède, s'il existe, est suffisamment indiqué par elles. Chacun voit que toute société se forme par les intérêts communs ; que toute division naît des intérêts opposés ; que mille événements fortuits pouvant changer et modifier les uns et les autres, dès qu'il y a société, il faut nécessairement une force coactive, qui ordonne et concerte les mouvements de ses membres, afin de donner aux communs intérêts et aux engagements réciproques, la solidité qu'ils ne sauraient avoir par eux-mêmes.

Ce serait d'ailleurs une grande erreur d'espérer que cet état violent pût jamais changer par la seule force des choses, et sans le secours de l'art. Le système de l'Europe a précisément le degré de solidité qui peut la maintenir dans une agitation perpétuelle, sans la renverser tout-à-fait ; et si nos maux ne peuvent augmenter, ils peuvent encore moins finir, parce que toute grande révolution est désormais impossible.

Jean-Jacques Rousseau, *Extrait sur le Projet de paix perpétuel* (1761).

Pour lire le texte original en ligne (édition de 1826) :
http://gallica.bnf.fr/ark:/12148/bpt6k2051816

5. La paix universelle

Influencé par L'abbé de Saint Pierre et son Projet pour la paix, le philosophe allemand Emmanuel Kant (1724–1804[i]) publia son traité Zum ewigen Frieden. Ein philosophischer Entwurf *(1795), traduit en français en 1796 sous le titre* Essai philosophique sur la paix perpétuelle. *À partir du projet d'une paix perpétuelle en Europe, Kant conçoit l'idée d'une paix universelle, fondée sur la liberté, l'égalité, la fraternité et la raison. Contrairement à Saint-Pierre, il ne développe pas son projet en détail. Ses réflexions concernent, de manière plus générale, la philosophie du droit.*

Article II : *Nul État, qu'il soit grand ou petit, ce qui est ici tout à fait indifférent, ne pourra jamais être acquis par un autre État, ni par héritage, ni par échange, ni par achat, ni par donation.*

Un État n'est pas, comme le sol sur lequel il est assis, un patrimoine. c'est une société d'hommes, qui seule peut disposer d'elle-même, C'est une souche qui a ses racines propres ; incorporer un État dans un autre État, comme on ferait d'une greffe, c'est le réduire, de la condition de personne morale, à l'état de chose, ce qui contredit l'idée du contrat originaire, sans lequel on ne saurait concevoir de droit sur un peuple.

Chacun sait à quels dangers l'Europe, seule partie du monde où cet abus se soit montré, s'est vue exposée jusqu'à nos jours, par suite de ce préjugé que les États peuvent s'épouser les uns les autres : nouvelle industrie, par laquelle on acquiert au moyen des pactes de famille, et sans aucun déploiement de force, ou un excès de puissance, ou un prodigieux accroissement de domaines. […]

Deuxième section, article II : *Le droit international doit être fondé sur une fédération d'États libres.*

Il en est des peuples, en tant qu'États, comme des individus : s'ils vivent dans l'état de nature, c'est-à-dire sans lois extérieures, leur voisinage

---

i   https://commons.wikimedia.org/wiki/File:Kant_foto.jpg

seul est déjà une lésion réciproque, et pour garantir sa sûreté, chacun d'eux peut exiger des autres qu'ils établissent d'accord avec lui une constitution garantissant les droits de tous. Ce serait là une Fédération de peuples, et non pas un seul et même État [...].

Cependant, du haut de son tribunal, la raison, législatrice suprême, condamne absolument la guerre comme voie de droit ; elle fait de l'état de paix un devoir immédiat, et comme cet état de paix ne saurait être fondé ni garanti sans un pacte entre les peuples, il en résulte pour eux le devoir de former une alliance d'une espèce particulière, qu'on pourrait appeler alliance pacifique (*foedus pacificum*), différant du traité de paix (*pactum pacis*), en ce qu'une telle alliance terminerait à jamais toutes les guerres, tandis que le traité de paix ne met fin qu'à une seule. [...]

La possibilité de réaliser une telle fédération, qui peu à peu embrasserait tous les États, et qui les conduirait ainsi à une paix perpétuelle, peut être démontrée. Car si le bonheur voulait qu'un peuple aussi puissant qu'éclairé, pût se constituer en République (gouvernement qui, par sa nature, doit incliner à la paix perpétuelle), il y aurait dès lors un centre pour cette alliance fédérative : d'autres États pourraient y adhérer pour garantir leur liberté d'après les principes du droit international, et cette alliance pourrait ainsi s'étendre insensiblement et indéfiniment.

Article III : *Le droit cosmopolitique doit se borner aux conditions d'une hospitalité universelle.*

Il s'agit dans cet article, comme dans les précédents, non de philanthropie mais de droit. Hospitalité signifie donc uniquement le droit qu'a chaque étranger de ne pas être traité en ennemi dans le pays où il arrive. On peut refuser de le recevoir, si le refus ne compromet point son existence ; mais on ne doit pas agir hostilement contre lui, tant qu'il n'offense personne. [...]

De cette manière, des régions éloignées les unes des autres peuvent contracter des relations amicales, plus tard sanctionnées enfin par des lois publiques, et le genre humain se rapprocher indéfiniment d'une constitution cosmopolitique.

À quelle distance de cette perfection sont encore les nations civilisées, et surtout les nations commerçantes de l'Europe ! À quel excès d'injustice ne les voit-on pas se porter, quand elles vont découvrir, c'est-à-dire conquérir, des pays et des peuples étrangers ! [...]

Premier supplément : *De la garantie de la paix universelle.*

Elle [la nature] se sert de deux moyens pour empêcher les peuples de se confondre : la diversité des langues et la diversité des religions. Cette diversité renferme, il est vrai, le germe de haines réciproques et fournit même souvent un prétexte à la guerre, mais à mesure que les hommes se rapprochent dans leurs principes par l'effet des progrès de la civilisation, la diversité des langues et des religions amène et assure une paix fondée, non pas comme celle où aspire le despotisme, sur la mort de la liberté et l'extinction de toutes les forces, mais sur l'équilibre que ces forces gardent entre elles malgré la lutte qui résulte de leur opposition. […]

   Je parle de l'esprit de commerce qui s'empare tôt ou tard de chaque nation et qui est incompatible avec la guerre.

Emmanuel Kant, *Essai philosophique sur la paix perpétuelle* (1796).

Pour lire le texte original en ligne (édition de 1880) :
http://gallica.bnf.fr/ark:/12148/bpt6k75749w

 **Pour écouter le livre audio :**
http://gallica.bnf.fr/ark:/12148/bpt6k75749w/f7.vocal

6. Quelle dimension donner à l'Union européenne ?

Dans son Projet pour rendre la paix perpétuelle en Europe[i], *Charles-Irénée Castel de Saint-Pierre compte associer les États voisins de religion islamique à l'Union européenne par des traités afin d'assurer avec eux une entente à long terme : il faut que les trêves successives, qui ne tiennent pas, cèdent la place à un paradigme nouveau.*

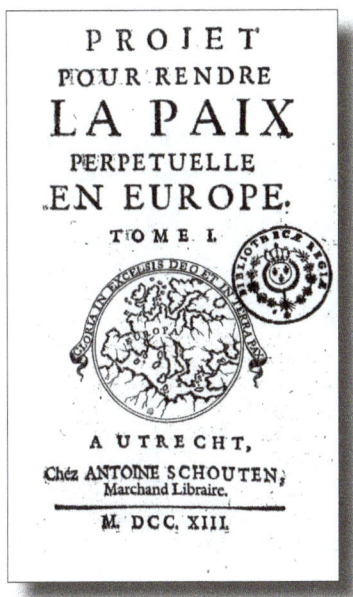

À l'égard des Mahométans voisins de l'Europe, les Tartares, les Turcs, les Tunisiens, les Tripolins[ii], les Algériens et les Marocains, on m'a dit qu'il ne serait guère dans la bienséance de leur donner voix au Congrès : peut-être même ne l'accepteraient-ils pas ? Mais l'Union, pour entretenir la paix et le commerce avec eux, et s'exempter de se tenir armée contre

---

i   https://commons.wikimedia.org/wiki/File:Saint-Pierre_-_Projet_pour_rendre_la_
     paix_perpétuelle_en_Europe_-_Tome_1,_1713.djvu
ii   Il faut comprendre : les Libyens (de Tripoli).

eux, pourrait faire un traité avec eux, prendre toutes les mêmes sûretés et leur accorder chacun un résident à la ville de paix. S'ils refusaient un pareil traité, l'Union pourrait alors les déclarer ses ennemis, et les obliger par force à donner sûreté suffisante de la convention de la paix. Il serait facile aussi d'obtenir plusieurs articles en faveur des chrétiens leurs sujets.

Charles-Irénée Castel de Saint-Pierre,
Projet pour rendre la paix perpétuelle en Europe (1713).

Pour lire le texte original en ligne (édition de 1713, tome I) :
http://gallica.bnf.fr/ark:/12148/bpt6k86492n?rk=21459;2

Pour lire le texte original en ligne (édition de 1713, tome II) :
http://gallica.bnf.fr/ark:/12148/bpt6k864930?rk=42918;4

7. L'Union européenne : un projet peu réaliste ?

Jean-Jacques Rousseau exprime dans le Jugement sur la paix perpétuelle *ses réserves quant à la réalisation d'une telle entreprise dont le principal obstacle serait alors l'égoïsme des souverains. Il reconnaît l'enjeu de la réflexion de Saint-Pierre qui médita longuement et opiniâtrement sur une question d'une importance irréfutable et digne d'occuper « un homme de bien. »*

Si jamais vérité morale fût démontrée, il me semble que c'est l'utilité générale et particulière de ce projet. Les avantages qui résulteraient de son exécution et pour chaque prince, et pour chaque peuple et pour toute l'Europe, sont immenses, clairs, incontestables ; on ne peut rien de plus solide et de plus exact que les raisonnements par lesquels l'auteur les établit. Réalisez sa république européenne durant un seul jour, c'en est assez pour la faire durer éternellement : tant chacun trouverait par l'expérience son profit particulier dans le bien commun. Cependant ces mêmes princes, qui la défendraient de toutes leurs forces si elle existait, s'opposeraient maintenant de même à son exécution et l'empêcheront infailliblement de s'établir comme ils l'empêcheraient de s'éteindre. Ainsi, l'ouvrage de l'abbé de Saint-Pierre sur la paix perpétuelle paraît d'abord inutile pour la produire et superflu pour la conserver. C'est donc une vaine spéculation, dira quelque lecteur impatient. Non, c'est un livre solide et sensé, et il est très important qu'il existe.

Commençons par examiner les difficultés de ceux qui ne jugent pas des raisons par la raison, mais seulement par l'événement, et qui n'ont rien à objecter contre ce projet, sinon qu'il n'a pas été exécuté. En effet, diront-ils sans doute, si ces avantages sont si réels, pourquoi donc les souverains de l'Europe ne l'ont-ils pas adopté ? Pourquoi négligent-ils leur propre intérêt, si cet intérêt leur est si bien démontré ? [...]

Sans doute, cela est croyable ; à moins qu'on ne suppose que leur sagesse est égale à leur ambition, et qu'ils voient d'autant mieux leurs avantages qu'ils les désirent plus fortement ; au lieu que c'est la grande punition des excès de l'amour-propre de recourir toujours à des moyens qui l'abusent, et que l'ardeur même des passions est presque toujours ce qui les détourne de leur but. Distinguons donc, en politique ainsi qu'en morale, l'intérêt réel de l'intérêt apparent ; le premier se trouverait dans la paix perpétuelle, cela est démontré dans le projet. Le second se trouve dans l'état d'indépendance absolue qui soustrait les souverains à l'empire de la loi pour les soumettre à celui de la fortune. Semblables à un Pilote insensé, qui pour faire montre d'un vain savoir et commander à ses matelots, aimerait mieux flotter entre des rochers durant la tempête que d'assujettir son vaisseau par des ancres.

Toute l'occupation des rois, ou de ceux qu'ils chargent de leurs fonctions, se rapporte à deux seuls objets, étendre leur domination au-dehors et la rendre plus absolue au-dedans ; toute autre vue, ou se rapporte à l'une de ces deux, ou ne leur sert que de prétexte ; telles sont celles du bien public, du bonheur des sujets, de la gloire de la nation ; mots à jamais proscrits du cabinet, et si lourdement employés dans les édits publics, qu'ils n'annoncent jamais que des ordres funestes, et que le peuple gémit d'avance quand ses maîtres lui parlent de leurs soins paternels. […]

Il ne faut pas non plus croire avec l'abbé de Saint-Pierre que même avec la bonne volonté que les princes ni leurs ministres n'auront jamais, il fût aisé de trouver un moment favorable à l'exécution de ce système ; car il faudrait pour cela que la somme des intérêts particuliers ne l'emportât pas sur l'intérêt commun, et que chacun crût voir dans le bien de tous le plus grand bien qu'il peut espérer pour lui-même. Or, ceci demande un concours de sagesse dans tant de têtes, et un concours de rapports dans tant d'intérêts, qu'on ne doit guère espérer du hasard l'accord fortuit de toutes les circonstances nécessaires ; cependant si cet accord n'a pas lieu, il n'y que la force qui puisse y suppléer ; et alors il n'est plus question de persuader, mais de contraindre, et il ne faut plus écrire des livres, mais lever des troupes.

Jean-Jacques Rousseau, *Jugement sur la paix perpétuelle* (1756–1758).

Pour lire le texte original en ligne (édition de 1826) :
http://gallica.bnf.fr/ark:/12148/bpt6k2051816

8. Voir au-delà des limites nationales

Peu d'érudits ont eu une influence aussi durable que l'Anglais Edward Gibbon (1737–1794[i]) avec son Histoire de la décadence et de la chute de l'Empire romain *(1776–1788), une étude qui entend offrir au lecteur, outre une fresque rétrospective, des éléments qui permettent d'aborder plus sereinement l'avenir.*

Un patriote doit sans doute préférer et chercher exclusivement l'intérêt et la gloire de son pays natal ; mais il est permis à un philosophe d'étendre ses vues, et de considérer l'Europe entière comme une république dont tous les habitants ont atteint à peu près au même degré de culture et de perfection. La prépondérance continuera de passer successivement d'une puissance à l'autre, et la prospérité de notre patrie ou des royaumes voisins peut alternativement s'accroître ou diminuer. Mais ces faibles révolutions n'influeront pas profondément sur le bonheur général ; elles ne détruiront point le système des arts, des lois et des mœurs.

Edward Gibbon,
Histoire de la décadence et de la chute de l'Empire romain (1776–1788).

Pour lire le texte original en ligne (édition de 1819) :
https://books.google.co.uk/books?id=3HD85QrhIbEC&printsec=frontcover

Pour lire le texte original en ligne (édition anglaise) :
https://www.gutenberg.org/files/25717/25717-h/25717-h.htm

---

i   https://commons.wikimedia.org/wiki/File:Edward_Gibbon_by_Henry_Walton_cleaned.jpg

9. L'Europe dans l'Encyclopédie

Dans l'Encyclopédie ou Dictionnaire raisonné des sciences, des arts et des métiers, *qui fut l'un des grands ouvrages des Lumières européennes, Louis de Jaucourt (1704–1779[i]), auteur prolifique d'articles, donne une description géographique de l'Europe — l'un des quatre continents, puisque le monde occidental ignore encore l'existence de l'Australie au moment où il rédige — et souligne son riche héritage culturel.*

EUROPE, (*Géog.*) grande contrée du monde habitée. L'étymologie qui est peut-être la plus vraisemblable, dérive le mot *Europe* du phénicien *urappa*, qui dans cette langue signifie *visage blanc* ; épithète qu'on pourrait avoir donné à la fille d'Agénor sœur de Cadmus[ii], mais du moins qui convient aux Européens, lesquels ne sont ni basanés comme les Asiatiques méridionaux, ni noirs comme les Africains.

L'*Europe* n'a pas toujours eu ni le même nom, ni les mêmes divisions, à l'égard des principaux peuples qui l'ont habité ; et pour les sous-divisions, elles dépendent d'un détail impossible, faute d'historiens qui puissent nous donner un fil capable de nous tirer de ce labyrinthe.

Mais loin de considérer dans cet article l'*Europe* telle que l'ont connue les anciens, dont les écrits sont parvenus jusqu'à nous, je ne veux dire ici qu'un seul mot de ses bornes.

Elle s'étend dans sa plus grande longueur depuis le cap de Saint-Vincent en Portugal et dans l'Algarve, sur la côte de l'Océan atlantique, jusqu'à l'embouchure de l'Obi dans l'Océan septentrional, par l'espace de 1200 lieues françaises de 20 au degré, ou de 900 milles d'Allemagne. Sa plus grande largeur, prise depuis le cap de Matapan au midi de la Morée jusqu'au Nord-Cap, dans la partie la plus septentrionale de Norvège, est d'environ 733 lieues de France de 20 au degré pareillement,

---

i   https://commons.wikimedia.org/wiki/File:ChevalierLouisJaucourt.jpg
ii   L'Europe mythologique, enlevée par Zeus, était dite fille d'Agénor.

ou de 550 milles d'Allemagne. Elle est bornée à l'orient par l'Asie ; au midi par l'Afrique, dont elle est séparée par la mer Méditerranée ; à l'occident par l'Océan atlantique, ou occidental, et au septentrion par la mer Glaciale.

Vérité, la Raison et la Philosophie s'occupent l'une à lever, l'autre à arracher le voile de la Vérité, frontispice de l'*Encyclopédie, ou Dictionnaire raisonné des sciences, des arts et des métiers*, 1751[iii].

Je ne sais si l'on a raison de partager le monde en quatre parties, dont l'*Europe* en fait une ; du moins cette division ne paraît pas exacte, parce qu'on n'y saurait renfermer les terres arctiques et les antarctiques, qui bien que moins connues que le reste, ne laissent pas d'exister et de mériter une place vide sur les globes et sur les cartes.

Quoi qu'il en soit, l'*Europe* est toujours la plus petite partie du monde ; mais, comme le remarque l'auteur de l'*Esprit des lois*, elle est parvenue à un si haut degré de puissance, que l'histoire n'a presque rien à lui comparer là-dessus, si l'on considère l'immensité des dépenses, la

iii   https://commons.wikimedia.org/wiki/File:Encyclopedie_frontispice_ section_256px.jpg

grandeur des engagements, le nombre des troupes, et la continuité de leur entretien, même lorsqu'elles sont le plus inutiles et qu'on ne les a que pour l'ostentation.

D'ailleurs il importe peu que l'*Europe* soit la plus petite des quatre parties du monde par l'étendue de son terrain, puisqu'elle est la plus considérable de toutes par son commerce, par sa navigation, par sa fertilité, par les lumières et l'industrie de ses peuples, par la connaissance des Arts, des Sciences, des Métiers, et ce qui est le plus important, par le Christianisme, dont la morale bienfaisante ne tend qu'au bonheur de la société. Nous devons à cette religion dans le gouvernement un certain droit politique, et dans la guerre un certain droit des gens que la nature humaine ne saurait assez reconnaître ; en paraissant n'avoir d'objet que la félicité d'une autre vie, elle fait encore notre bonheur dans celle-ci. L'*Europe* est appelée *Celtique* dans les temps les plus anciens. Sa situation est entre le 9 et le 93 degré de longitude, et entre le 34 et le 73 de latitude septentrionale. Les Géographes enseigneront les autres détails au lecteur.

Louis de Jaucourt, « Europe », dans *Encyclopédie ou Dictionnaire raisonné des sciences, des arts et des métiers* (1751).

Pour lire le texte original en ligne (édition de 1751) :
https://commons.wikimedia.org/w/index.php?title=Category:
Encyclopédie_Volume_1

10. La géographie de l'Europe

Diego de Torres Villarroel (1693–1770[i]), professeur de l'université de Salamanque, mathématicien, prêtre et dramaturge, livre dans son Voyage fantastique *(1724), une description géographique de l'Europe qui rappelle les limites des connaissances d'un temps où l'existence même de l'Océanie était inconnue en Occident.*

Les navigations, ayant fait le tour du globe terrestre, constatent que celui-ci est divisé en deux continents ou parts de terre ferme. L'un contient toute la partie polaire arctique et les quatre parties principales du monde, Europe, Asie, Afrique et Amérique ; et l'autre part, ou continent, comprend toute la terre méridionale inconnue ; et l'Océan, intermédiaire entre les deux, sépare ces parts ou continents. Le continent qui englobe la terre méridionale est inconnu […]. L'Europe a une surface, du Ponant au Levant, de mille cinquante s ; et du Midi au Septentrion, de sept cent cinquante-neuf. Le Septentrion se termine dans la mer glacée ; Le Ponant dans la mer Atlantique ; le Midi dans le Détroit de Gibraltar ; l'Orient dans la mer Égée. Les provinces principales, et les plus grandes, sont, en dehors des îles, au nombre de quatorze : Espagne, France, Italie, Allemagne, Pays-Bas, Pologne, Hongrie, Illyrie, Roumanie, Bulgarie, Serbie, Tartarie Mineure, Moscovie, Moldavie, Valachie et Scandinavie.

Diego de Torres Villarroel, *Voyage fantastique* (1724).

Pour lire le texte original en ligne :
http://biblioteca.org.ar/libros/132245.pdf

---

i   https://commons.wikimedia.org/wiki/File:Diego_de_Torres_Villarroel.jpg

11. Histoire et enjeux politiques

Depuis Pierre Bayle, à la fin du XVIIe siècle, les lexicographes glissent des vérités souvent subversives au détour d'entrées encyclopédiques en apparence anodines. Cet article « Académie d'histoire » n'échappe pas à la règle puisqu'il prend à bras le corps la question de l'écriture de l'histoire et en vient à dénoncer la suppression sournoise de la vérité dans différentes nations occidentales.

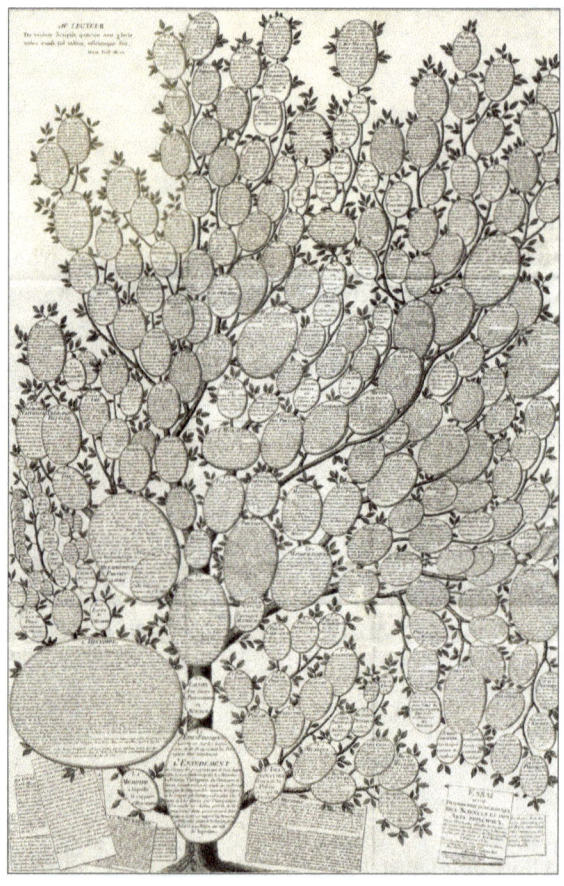

Système figuratif représentant l'embranchement des connaissances humaines, dans *Supplément à l'Encyclopédie, ou dictionnaire des sciences, des arts et des métiers* (1776), gravé par Robert Bénard[i].

---

i   https://commons.wikimedia.org/wiki/File:Encyclopédie-_Diderot's_Tree_of_ Knowledge.tif

Aucun pays, aucun prince n'a encore pensé à fonder une *académie* d'histoire, dont le but principal fût d'observer avec soin les différents états de la nation, de transmettre à la postérité les événements avec la vérité la plus sincère, et de perfectionner la science de la morale et de la législation, dont l'unique base sont les faits historiques, comme les phénomènes naturels le sont de la physique. Mais la connaissance des premiers est d'autant plus utile, qu'il importe bien d'avantage à un État de savoir quelles sont les meilleures lois, pour bannir la paresse et pour inspirer aux citoyens, l'amour de la patrie et de la vertu, que de savoir quelles lois observent dans leurs mouvements les quatre satellites de Jupiter. Pourquoi donc abandonner d'écrire l'histoire, que l'on a raison d'appeler l'œil de l'avenir, ainsi que du passé, et le flambeau de la vie ? Pourquoi ne pas suivre l'exemple des Chinois qui ont si fort excellé dans la morale et dans la législation ? Ils ont fondé un tribunal d'histoire où l'on tient registre de tout ce qui arrive sous le règne de chaque Empereur, avec la même exactitude qu'on marque dans nos *académies* les appulsions[ii] de la lune aux étoiles, les éclipses et tout ce qui arrive dans le Ciel. Après la mort de l'Empereur, cela se divulgue pour servir d'instruction à ses successeurs, et de règle à la félicité publique. Dans plusieurs États de l'Europe, il y a des places d'historiographes, et des chaires publiques d'histoire. C'est un commencement de l'*académie* d'histoire qu'on propose, il serait aisé d'étendre ces commencements et d'en former un établissement fixe dont on pourrait tirer de grands avantages pour la bonne administration des États et le bonheur du peuple qui doit toujours être la loi suprême. Nous observerons cependant que la connaissance des causes morales ne demande pas tant de sagacité que la connaissance des causes naturelles, l'Europe n'a peut-être pas besoin pour les premières, d'une *académie* de savants, ou d'un tribunal de mandarins nécessaires à la Chine, où l'esprit humain paraît être moins actif. D'ailleurs, cette dose de liberté qui entre dans plusieurs gouvernements de l'Europe, porte naturellement tout homme à rechercher les vraies causes des faits historiques, et à les publier ; ce qui se peut sans danger, en Angleterre surtout où l'on jouit toujours de ces temps heureux que les Romains eurent sous Trajan ; au lieu qu'à la

---

ii　　Le terme scientifique, non lexicalisé à l'époque, et qui est calqué sur le latin, désigne le rapprochement des corps célestes qui se retrouvent en conjonction les uns avec les autres sans qu'il y ait pour autant occultation ou éclipse.

Chine où le despotisme a érigé son trône, personne n'oserait parler le langage de la vérité, si en vue du bien public le gouvernement n'avait pas accordé ce privilège à un tribunal, devant lequel les Empereurs sont cités après leur mort. Ainsi, ce qui, au premier coup-d'œil, paraît à la Chine le plus haut période où puisse être portée la législation, n'en est peut-être que le correctif. Soit : mais n'avons-nous pas besoin de ce correctif, dans plusieurs de nos gouvernements d'Europe, où la vérité n'est que trop souvent tenue captive, et où le despotisme sourd et caché n'en est que plus arbitraire, au lieu que celui de la Chine est vraiment un despotisme légal.

Supplément à l'Encyclopédie, ou dictionnaire des sciences,
des arts et des métiers (1776).

Pour lire le texte original en ligne (édition de 1776) :
http://gallica.bnf.fr/ark:/12148/bpt6k50550x/f1.image

12. Un Parlement européen avant la lettre ?

Parmi les institutions nécessaires pour la bonne gouvernance d'une union d'États, Henri IV avait imaginé, si nous en croyons Sully[i], un « conseil général de l'Europe » qui aurait pris en charge une partie de la gestion de l'ensemble.

Le modèle de ce conseil général de l'Europe, avait été pris sur celui des anciens Amphictyons[ii] de la Grèce, avec les modifications convenables à nos usages, à notre climat, et au but de notre politique. Il consistait en un certain nombre de de commissaires, ministres ou plénipotentiaires, de toutes les dominations de la république chrétienne, continuellement assemblés en corps de sénat, pour délibérer sur les affaires survenantes, s'occuper à discuter les différents intérêts, pacifier les querelles ; éclaircir et vider toutes les affaires civiles, politiques et religieuses de l'Europe, soit avec elle-même, soit avec l'étranger. La forme et les procédures de ce sénat, auraient été plus particulièrement déterminées par les suffrages de ce sénat lui-même. L'avis de Henri était qu'il fût composé, par exemple, de quatre commissaires, pour chacun des potentats suivants, l'empereur, le pape les rois de France, d'Angleterre, de Danemark, de Suède, de Lombardie, de Pologne, la république vénitienne ; et de deux

---

i   https://commons.wikimedia.org/wiki/File:Charles-Irenée-Castel-de-Saint-Pierre-Projet-de-traité-pour-rendre-la-paix_MG_0660.tif

ii   Le Conseil des Amphictyons, à Delphes, se donnait pour objet la régulation des affaires publiques.

seulement pour les autres républiques et moindres puissances, ce qui aurait fait un sénat d'environ soixante-six personnes, dont le choix aurait pu se renouveler de trois ans en trois ans.

Maximilien de Béthune, duc de Sully, *Mémoires* (1778).

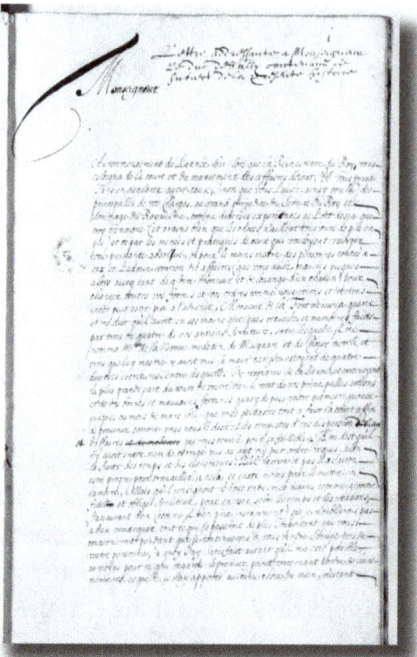

Maximilien de Béthune, duc de Sully, *Mémoires de Maximilien de Béthune*, tome I, manuscrit[iii].

Pour lire le texte original en ligne (édition de 1778) :
https://books.google.de/books?id=t-iAVIeyd8UC
&printsec=frontcover

---

iii   http://gallica.bnf.fr/ark:/12148/btv1b9007257z/f6.item

13. L'Europe et l'Islam

Quant au rapport entre l'Europe, conçue comme chrétienne, et les pays musulmans, les suggestions de Charles-Irénée Castel de Saint-Pierre dans son Projet pour rendre la paix perpétuelle en Europe, *ne sont pas dénuées d'un certain eurocentrisme fondé, qui plus est, sur la conception d'une Europe unie par la religion chrétienne.*

Tout le monde sait que la grande raison qu'ont les souverains mahométans de ne point établir des collèges, et d'éloigner leurs sujets de l'étude des sciences et des belles-lettres, c'est la crainte qu'ils ont des schismes et des guerres que causent souvent les disputes des théologiens. Jusqu'ici ils ont cru qu'il n'y avait qu'une profonde ignorance qui pût les mettre à couvert de ce malheur ; mais dès qu'ils verraient qu'étant en association avec la Société Européenne, ils auraient sûreté de la conservation de la paix au-dedans et au dehors de leurs États. Il est vraisemblable qu'ils prendraient bientôt les méthodes des États chrétiens pour l'éducation de la jeunesse, et pour l'avancement des arts et des sciences ; ainsi ce serait pour eux un nouveau motif de contribuer de tout leur pouvoir à former et à affermir ce grand établissement. L'Église y gagnerait, en ce que plus les Mahométans auraient de lumières, moins ils seraient attachés à leurs dogmes, et plus ils seraient disposés à sentir la beauté et la perfection de la religion chrétienne.

Charles-Irénée Castel de Saint-Pierre,
Projet pour rendre la paix perpétuelle en Europe (1713).

Pour lire le texte original en ligne (édition de 1713, tome I) :
http://gallica.bnf.fr/ark:/12148/bpt6k86492n?rk=21459;2

Pour lire le texte original en ligne (édition de 1713, tome II) :
http://gallica.bnf.fr/ark:/12148/bpt6k864930?rk=42918;4

14. La richesse de l'Europe : son héritage culturel !

 *Voltaire (1694–1778[i]), dans son écrit historiographique,* Essai sur les mœurs et l'esprit des nations *(1756) insiste notamment sur la richesse de l'héritage culturel du continent, qu'il décrit comme une partie du monde « incomparablement plus peuplée, plus civilisée, plus riche, plus éclairée » qu'elle n'était du temps de l'empire romain, même si l'Italie seule a perdu de son rayonnement. Il revient au passage à la fois sur la crainte du dépeuplement du globe — partagée avec d'autres philosophes du temps, dont Montesquieu — et sur l'aberration que constitue à ses yeux le célibat des religieux.*

Que l'on considère, depuis Pétersbourg jusqu'à Madrid, ce nombre prodigieux de villes superbes, bâties dans des lieux qui étaient des déserts il y a six cents ans ; qu'on fasse attention à ces forêts immenses qui couvraient la terre des bords du Danube à la mer Baltique, et jusqu'au milieu de la France ; il est bien évident que quand il y a beaucoup de terres défrichées, il y a beaucoup d'hommes. L'agriculture, quoi qu'on en dise, et le commerce, ont été beaucoup plus en honneur qu'ils ne l'étaient auparavant. […]

Dans quel état florissant serait donc l'Europe, sans les guerres continuelles qui la troublent pour de très légers intérêts, et souvent pour de petits caprices ! Quel degré de perfection n'aurait pas reçu la culture des terres, et combien les arts qui manufacturent ces productions n'auraient-ils pas répandu encore plus de secours et d'aisance dans la vie civile, si on n'avait pas enterré dans les cloîtres ce nombre étonnant d'hommes et de femmes inutiles ! Une humanité nouvelle qu'on a introduite dans le fléau de la guerre, et qui en adoucit les horreurs, a contribué encore à sauver les peuples de la destruction qui semble les menacer à chaque instant. C'est un mal, à la vérité très

---

i   https://commons.wikimedia.org/wiki/File:Atelier_de_Nicolas_de_Largillière,_
     portrait_de_Voltaire,_détail_(musée_Carnavalet)_-002.jpg

déplorable, que cette multitude de soldats entretenus continuellement par tous les princes ; mais aussi, comme on l'a déjà remarqué, ce mal produit un bien : les peuples ne se mêlent point de la guerre que font leurs maîtres ; les citoyens des villes assiégées passent souvent d'une domination à une autre, sans qu'il en ait coûté la vie à un seul habitant ; ils sont seulement le prix de celui qui a eu le plus de soldats, de canons, et d'argent.

Les guerres civiles ont très longtemps désolé l'Allemagne, l'Angleterre, la France ; mais ces malheurs ont été bientôt réparés, et l'état florissant de ces pays prouve que l'industrie des hommes a été beaucoup plus loin encore que leur fureur. Il n'en est pas ainsi de la Perse, par exemple, qui depuis quarante ans est en proie aux dévastations ; mais si elle se réunit sous un prince sage, elle reprendra sa consistance en moins de temps qu'elle ne l'a perdue. [...]

Quand une nation connaît les arts, quand elle n'est point subjuguée et transportée par les étrangers, elle sort aisément de ses ruines, et se rétablit toujours.

Voltaire, *Essai sur les mœurs et l'esprit des nations* (1756).

Pour lire le texte original en ligne (édition de 1829) :
http://gallica.bnf.fr/ark:/12148/bpt6k375239

15. Régler pour apaiser

Comme nombre d'autres intellectuels de son temps, Marie-Jean-Antoine-Nicolas de Caritat, marquis de Condorcet (1743–1794[i]) pense qu'après la Réforme l'équilibre européen a changé pour le mieux. Il compte parmi les défenseurs de la perfectibilité et estime ainsi que le progrès devrait amener, ainsi que cela est arrivé lors d'autres convulsions historiques, des changements positifs à terme.

Les nations de l'Europe, occupées des intérêts communs qui les réunissaient, des intérêts opposés qu'elles croyaient avoir, sentirent le besoin de reconnaître certaines règles entre elles, qui, même indépendamment des traités, présidassent à leurs relations pacifiques ; tandis que d'autres règles, respectées même au milieu de la guerre, en adouciraient les fureurs, en diminueraient les ravages, et préviendraient du moins les maux inutiles.

Marie-Jean-Antoine-Nicolas de Caritat, marquis de Condorcet,
Esquisse d'un tableau historique des progrès de l'esprit humain (1794).

Pour lire le texte original en ligne (édition de 1822) :
https://books.google.de/books?id=hRIPAAAAQAAJ
&printsec=frontcover

---

i   https://commons.wikimedia.org/wiki/File:Nicolas_de_Condorcet.PNG

16. Le voisinage de la Russie

S'il tient compte des relations avec les pays voisins de religion musulmane, Saint-Pierre pèse aussi, dans son Projet pour rendre la paix perpétuelle en Europe, *les intérêts du Tsar et donc de la Russie. Il met en évidence le rôle que d'éventuels échanges pourraient jouer dans la consolidation de l'équilibre du continent.*

Le Tsar a montré la passion qu'il avait de faire fleurir le commerce dans les provinces, il a pour cela de grands avantages du côté de la nature, le pays est traversé de très grandes rivières, il a des ports sur l'Océan, sur la mer Baltique, sur la mer Caspienne. Le terroir est très fertile en une infinité d'endroits, le peuple nombreux ; il ne leur manque pour se perfectionner dans les manufactures et les arts, qu'un commerce fréquent et perpétuel avec les nations les mieux policées. Or, il vient de voir par expérience combien la guerre éloigne l'accomplissement des beaux projets qu'il avait faits de ce côté-là ; ainsi il y a grande apparence que dès qu'il aura connaissance d'un projet qui doit rendre la paix perpétuelle parmi les chrétiens, il cherchera avec empressement tous les moyens de le faire réussir.

Charles-Irénée Castel de Saint-Pierre,
Projet pour rendre la paix perpétuelle en Europe (1713).

Pour lire le texte original en ligne (édition de 1713, tome I) :
http://gallica.bnf.fr/ark:/12148/bpt6k86492n?rk=21459;2

Pour lire le texte original en ligne (édition de 1713, tome II) :
http://gallica.bnf.fr/ark:/12148/bpt6k864930?rk=42918;4

17. L'Europe chrétienne comme grande République ?

Dans le chapitre II « Des États de l'Europe avant Louis XIV » de son traité historiographique Le siècle de Louis XIV *(1751), Voltaire (1694–1778) souligne les principes d'un droit commun de l'Europe chrétienne avant l'avènement au pouvoir de Louis XIV.*

Il y avait déjà longtemps qu'on pouvait regarder l'Europe chrétienne (à la Russie près) comme une espèce de grande république partagée en plusieurs États, les uns monarchiques, les autres mixtes ; ceux-ci aristocratiques, ceux-là populaires ; mais tous correspondant les uns avec les autres ; tous ayant un même fonds de religion, quoique divisés en plusieurs sectes ; tous ayant les mêmes principes de droit public et de politique, inconnus dans les autres parties du monde. C'est par ces principes que les nations européennes ne font point esclaves leurs prisonniers, qu'elles respectent les ambassadeurs de leurs ennemis, qu'elles conviennent ensemble de la prééminence et de quelques droits de certains princes, comme de l'empereur, des rois, et des autres moindres potentats ; et qu'elles s'accordent surtout dans la sage politique de tenir entre elles, autant qu'elles peuvent, une balance égale de pouvoir, employant sans cesse les négociations, même au milieu de la guerre, et entretenant les unes chez les autres des ambassadeurs, ou des espions moins honorables, qui peuvent avertir toutes les cours des desseins d'une seule, donner à la fois l'alarme à l'Europe, et garantir les plus faibles des invasions que le plus fort est toujours prêt d'entreprendre.

Voltaire, *Le siècle de Louis XIV* (1751).

Pour lire le texte original en ligne (édition de 1878) :
https://fr.wikisource.org/wiki/Le_Siècle_de_Louis_XIV

18. L'unité dans la diversité ?

Dans son traité Paris, le modèle des nations étrangères ou l'Europe française *(1777[i]), Louis-Antoine Caraccioli (1719–1803), auteur polygraphe d'ouvrages philosophiques, historiques et religieux brosse une large fresque de l'Europe de la deuxième moitié du XVIIIe siècle dominée par l'influence de la culture française.*

Des différentes Nations

À dieu ne plaise que j'abaisse ici les Européens pour relever les Français.

Italiens, Anglais, Allemands, Espagnols, Polonais, Russes, Suédois, Portugais, etc. vous êtes tous mes frères, tous mes amis, tous également braves et vertueux. Heureux qui, citoyen du monde ne connaît ni l'antipathie, ni la prévention.

Si je vous partage en diverses classes, c'est que vous différez dans la manière d'exister ; par la raison que la nature n'a pas fait deux êtres qui

---

i   http://gallica.bnf.fr/ark:/12148/bpt6k1156961

se ressemblent parfaitement, elle n'a pas formé deux peuples également solides, ni également légers. Le monde est vraiment un faisceau de fleurs, où le Français bigarré comme l'œillet, l'Italien éclatant comme une rose, l'Anglais rembruni comme la pensée, etc. forment le contraste le plus frappant.

Le terroir, ainsi que le climat, n'est pas la seule chose qui différencie les nations, la seule chose qui glace les Hollandais, qui embrase les Italiens ; la forme du gouvernement influe singulièrement sur l'esprit et sur les mœurs. On n'a pas les mêmes usages et les mêmes idées dans un pays despote, et dans un état républicain. L'Anglais voit les choses d'une manière rapprochée, le Musulman ne les aperçoit que dans l'éloignement. C'est l'histoire de la lunette[ii], dont un verre diminue les objets, et l'autre les grossit.

Quoi qu'il en soit, on reconnut toujours une nation dominante, qu'on s'efforça d'imiter. Jadis tout était romain, aujourd'hui tout est français. La différence des siècles opère ces changements. Il n'y a rien qui ne soit variable sous des astres sujets à de continuelles révolutions ; et sur une terre où l'esprit humain naturellement inquiet, se fait un honneur d'être inconstant, et plaisir de faire des essais.

Louis-Antoine Caraccioli,
Paris, le modèle des nations étrangères ou l'Europe française (1777).

Pour lire le texte original en ligne (édition de 1777) :
http://gallica.bnf.fr/ark:/12148/bpt6k1156961

 Pour écouter le livre audio :
http://gallica.bnf.fr/ark:/12148/bpt6k1156961/f3.vocal

---

ii   La longue-vue.

19. Le commerce européen

Dans L'Esprit des lois (1748) Montesquieu (1689–1755[i]) est amené à écrire au Livre XXI une histoire du commerce pour mesurer les effets des « révolutions » qui l'affectent. La nouvelle situation géopolitique mondiale est différente de ce que peuvent offrir « les histoires de toutes les nations », il faut donc en retracer l'histoire propre. La mondialisation des échanges a pour pivot l'Europe, mais elle produit un décentrement. Loin de conduire à un simple européocentrisme, l'examen des relations multiples et complexes nées de la révolution du commerce invite à renouveler le questionnement des rapports entre l'économique et le politique et met à l'épreuve l'idée de « doux commerce. »

C'est encore une loi fondamentale de l'Europe, que tout commerce avec une colonie étrangère est regardé comme un pur monopole punissable par les lois du pays : et il ne faut pas juger de cela par les lois et les exemples des anciens peuples, qui n'y sont guère applicables.

Il est encore reçu que le commerce établi entre les métropoles n'entraîne point une permission pour les colonies, qui restent toujours en état de prohibition.

Le désavantage des colonies, qui perdent la liberté du commerce, est visiblement compensé par la protection de la métropole, qui la défend par ses armes, ou la maintient par ses lois.

De là suit une troisième loi de l'Europe, que, quand le commerce étranger est défendu avec la colonie, on ne peut naviguer dans ses mers que dans les cas établis par les traités.

Les nations, qui sont à l'égard de tout l'univers ce que les particuliers sont dans un État, se gouvernent comme eux par le droit naturel et par les lois qu'elles se sont faites. Un peuple peut céder à un autre la mer,

---

i   https://commons.wikimedia.org/wiki/File:Montesquieu_1.png

comme il peut céder la terre. Les Carthaginois exigèrent des Romains qu'ils ne navigueraient pas au-delà de certaines limites, comme les Grecs avaient exigé du roi de Perse qu'il se tiendrait toujours éloigné des côtes de la mer de la carrière d'un cheval.

L'extrême éloignement de nos colonies n'est point un inconvénient pour leur sûreté : car, si la métropole est éloignée pour les défendre, les nations rivales de la métropole ne sont pas moins éloignées pour les conquérir.

De plus, cet éloignement fait que ceux qui vont s'y établir ne peuvent prendre la manière de vivre d'un climat si différent ; ils sont obligés de tirer toutes les commodités de la vie du pays d'où ils sont venus. Les Carthaginois pour rendre les Sardes et les Corses plus dépendants, leur avaient défendu, sous peine de la vie, de planter, de semer et de faire rien de semblable ; ils leur envoyaient d'Afrique des vivres. Nous sommes parvenus au même point, sans faire des lois si dures. Nos colonies des îles Antilles sont admirables ; elles ont des objets de commerce que nous n'avons ni ne pouvons avoir ; elles manquent de ce qui fait l'objet du nôtre.

L'effet de la découverte de l'Amérique fut de lier à l'Europe l'Asie et l'Afrique. L'Amérique fournit à l'Europe la matière de son commerce avec cette vaste partie de l'Asie qu'on appela les Indes orientales. L'argent, ce métal si utile au commerce, comme signe, fut encore la base du plus grand commerce de l'univers, comme marchandise. Enfin la navigation d'Afrique devint nécessaire ; elle fournissait des hommes pour le travail des mines et des terres de l'Amérique.

L'Europe est parvenue à un si haut degré de puissance, que l'histoire n'a rien à comparer là-dessus, si l'on considère l'immensité des dépenses, la grandeur des engagements, le nombre des troupes et la continuité de leur entretien, même lorsqu'elles sont le plus inutiles, et qu'on ne les a que pour l'ostentation.

Le père Du Halde[ii] dit que le commerce intérieur de la Chine est plus grand que celui de toute l'Europe. Cela pourrait être, si notre commerce extérieur n'augmentait pas l'intérieur. L'Europe fait le

---

ii   Le jésuite français, Jean-Baptiste Du Halde (1674–1743) est l'auteur d'une célèbre *Description de l'empire de la Chine* (1735).

commerce et la navigation des trois autres parties du monde ; comme la France, l'Angleterre et la Hollande font à peu près la navigation et le commerce de l'Europe.

Montesquieu, *L'Esprit des lois* (1748).

Pour lire le texte original en ligne (édition de 1748) :
http://classiques.uqac.ca/classiques/montesquieu/de_esprit_
des_lois/partie_4/esprit_des_lois_Livre_4.pdf

20. La tolérance religieuse

Dans son Projet pour rendre la paix perpétuelle en Europe, *l'abbé de Saint-Pierre, vise la tolérance religieuse et le dialogue entre les différentes communautés qu'elles soient catholique, protestante, musulmane ou orthodoxe.*

L'union qu'on propose n'est pas la conciliation des religions différentes, mais la paix entre nations de différentes religions. Or qu'y a-t-il d'impossible ? Les luthériens d'Allemagne, par exemple, ne sont-ils pas en paix avec les catholiques allemands ? Les différends de religions ont-ils empêché l'Espagne de s'unir avec la Hollande ? Si l'on ne faisait la guerre que pour la religion, l'objection aurait de la force ; mais dans le projet on laisse chacun dans sa religion, comme dans ses autres possessions ; ainsi, il n'est point question de concilier sur cet article toutes les nations du monde ; j'ai dit seulement, et je le dis encore, que s'il y a quelques moyens humains qui puissent contribuer à amener peu à peu les diverses sectes au point de vue de la vérité, l'établissement d'une paix perpétuelle, est le plus solide de tous ces moyens, et même le fondement de toute conciliation. Par le fréquent commerce les opinions seront fréquemment comparées, et avec le seul secours des fréquentes comparaisons on peut espérer que les opinions les plus raisonnables prendront à la fin le dessus, et par conséquent que la raison servira beaucoup à amener tous les hommes à la véritable religion. […]

On m'a objecté que c'est un article de la religion des Mahométans, de ne faire que des trêves, et jamais aucun traité de paix avec les Chrétiens : mais ceux qui parlent ainsi, ne sont pas bien informés d'une distinction essentielle : il leur est défendu de faire la paix solide et durable avec des ennemis chrétiens ou égaux en force, ou presque égaux ; mais avec des chrétiens qui seraient de beaucoup supérieurs en forces, il ne leur est pas défendu de faire une paix solide et durable, puisque sans cela serait exposer leur religion dans un péril évident. Or si le grand seigneur seul devenait ennemi de la société européenne, son empire et sa religion ne seraient-ils pas dans un danger évident ? Et d'ailleurs puisqu'il leur est permis de faire des trêves de vingt ans et les renouveler, et ces longues trêves toujours renouvelées, n'opèrent-elles pas le même effet que la paix perpétuelle ?

Charles-Irénée Castel de Saint-Pierre,
Projet pour rendre la paix perpétuelle en Europe (1713).

Pour lire le texte original en ligne (édition de 1713, tome I) :
http://gallica.bnf.fr/ark:/12148/bpt6k86492n?rk=21459;2

Pour lire le texte original en ligne (édition de 1713, tome II) :
http://gallica.bnf.fr/ark:/12148/bpt6k864930?rk=42918;4

21. La richesse de la cuisine européenne

Louis-Antoine Caraccioli, soutient dans Paris, le modèle des nations étrangères ou l'Europe française *(1777) que la cuisine des Français a contribué à un enrichissement général des mœurs culinaires en Europe. Il entrevoit ainsi l'importance future de la gastronomie française.*

Des Tables

C'est certainement aux Français, et personne ne le contestera, que l'Europe doit l'honneur inestimable de ne plus noyer sa raison dans le vin, et l'avantage de manger avec délicatesse. Je sais que les Italiens ne donnèrent jamais dans l'excès de l'ivresse ; mais comme ils ne tiennent point table, et qu'une des principales vertus de la noblesse italienne c'est la sobriété, on ne peut leur attribuer la gloire d'avoir banni l'ivresse des festins.

Un étranger qui voyageait autrefois dans l'Allemagne et dans la Pologne, et qui se trouvait à la table des grands, essuyait une vexation de la part des convives, s'il ne buvait pas. On le forçait à faire tête à la compagnie, et il fallait boire à la santé des vivants, et même des morts ; car on terminait ordinairement la séance sans trop savoir ce qu'on disait.

Cette étrange coutume est maintenant abolie, et sans l'excellence et la variété des vins qui donnent aux fêtes allemandes une prééminence sur les festins français, on ne boit pas plus à Varsovie et à Prague, qu'à Paris. Il n'y a que les Anglais qui n'ont pas encore voulu se dessaisir de ce mauvais usage ; ce qui ne contribue pas peu à ralentir leur ardeur pour les sciences.

Les étrangers, soit en fréquentant les ambassadeurs français, soit en venant eux-mêmes en France, ont enfin appris que la tempérance est spécialement la vertu des gens bien nés, et que s'il arrive de prendre quelquefois dans la crème des vins, une pointe de gaieté, il est odieux d'y perdre sa raison et ses sens. On ne peut néanmoins disconvenir, que nos repas sont devenus très ennuyeux, depuis qu'on a des prétentions à l'esprit, et qu'il n'y a que la bonne chère qui les soutient ; mais elle y est excellente. [...]

Quelle gêne autrefois qu'une table russe, et maintenant quelle liberté, quel agrément ! On y parle avec intérêt, on y rit avec aisance, on y mange avec délicatesse, et c'est encore un miracle français.

On soupe à Milan, depuis que le maréchal de Villars y introduisit la coutume de donner des repas ; on festine à Turin comme dans un pays qui avoisine Grenoble et Lyon, et l'on commence dans Rome même, d'après le bon exemple des ambassadeurs français, à connaître la bonne chère, et à savoir parfois en user.

Venez sans façon dîner chez moi, dit amicalement un Napolitain à un aimable voyageur qu'il connaissait ; nous serons moins que les muses, plus que les grâces, le nombre, en un mot, qui convient, pour que la conversation soit générale et pas trop bruyante.

Oh ! répond l'Étranger, ce n'est pas un Napolitain qui m'invite, mais un Français : il faut en effet convenir qu'on se croit à Paris, et non à Naples, quand on est aussi agréablement invité.

Louis-Antoine Caraccioli,
Paris, le modèle des nations étrangères ou l'Europe française (1777).

Pour lire le texte original en ligne (édition de 1777) :
http://gallica.bnf.fr/ark:/12148/bpt6k1156961

 **Pour écouter le livre audio :**
http://gallica.bnf.fr/ark:/12148/bpt6k1156961/f3.vocal

22. L'Europe vue par les Persans

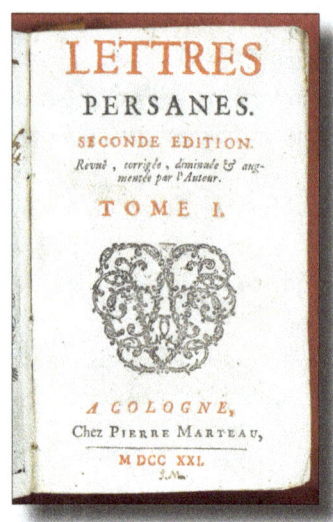

Dans son roman épistolaire **Lettres persanes** *(1721[i]), Montesquieu (1689–1755) dépeint la France à travers le regard étranger de deux voyageurs venus d'Ispahan, Rica et Usbek. L'Europe, où les Persans découvrent une diversité de régimes politiques — ce qui conduit à se demander quel est « le gouvernement le plus conforme à la raison » — est aussi le continent des histoires des nations, et plus particulièrement des « républiques. » Rhédi évoque un vent de liberté venu du Nord, et envisage la manière dont « l'amour de la liberté » s'enracine dans les histoires des républiques européennes.*

Lettre CXXXI.

Rhédi à Rica, à Paris

Une des choses qui a le plus exercé ma curiosité en arrivant en Europe, c'est l'histoire et l'origine des républiques. Tu sais que la plupart des Asiatiques n'ont pas seulement d'idée de cette sorte de gouvernement, et que l'imagination ne les a pas servis jusques à leur faire comprendre qu'il puisse y en avoir sur la terre d'autre que le despotique.

Les premiers gouvernements que nous connaissons étaient monarchiques : ce ne fut que par hasard, et par la succession des siècles, que les républiques se formèrent.

La Grèce ayant été abîmée par un déluge, de nouveaux habitants vinrent la peupler. Elle tira presque toutes ses colonies d'Égypte et des contrées de l'Asie les plus voisines ; et, comme ces pays étaient gouvernés par des rois, les peuples qui en sortirent furent gouvernés de

---

i   https://commons.wikimedia.org/wiki/File:"Persiska_brev"_av_Montesquieu_-_
     Skoklosters_slott_-_56543.tif

même. Mais, la tyrannie de ces princes devenant trop pesante, on secoua le joug, et du débris de tant de royaumes s'élevèrent ces républiques qui firent si fort fleurir la Grèce, seule polie au milieu des barbares.

L'amour de la liberté, la haine des rois, conserva longtemps la Grèce dans l'indépendance, et étendit au loin le gouvernement républicain. Les villes grecques trouvèrent des alliés dans l'Asie Mineure : elles y envoyèrent des colonies aussi libres qu'elles, qui leur servirent de remparts contre les entreprises des rois de Perse. Ce n'est pas tout : la Grèce peupla l'Italie ; l'Italie, l'Espagne, et peut-être les Gaules. On sait que cette grande Hespérie, si fameuse chez les Anciens, était au commencement la Grèce, que ses voisins regardaient comme un séjour de félicité. Les Grecs, qui ne trouvaient point chez eux ce pays heureux, l'allèrent chercher en Italie ; ceux de l'Italie, en Espagne ; ceux d'Espagne, dans la Bétique ou le Portugal : de manière que toutes ces régions portèrent ce nom chez les Anciens. Ces colonies grecques apportèrent avec elles un esprit de liberté qu'elles avaient pris dans ce doux pays. Ainsi on ne voit guère, dans ces temps reculés, de monarchies dans l'Italie, l'Espagne, les Gaules. Tu verras bientôt que les peuples du Nord et d'Allemagne n'étaient pas moins libres ; et, si l'on trouve des vestiges de quelque royauté parmi eux, c'est qu'on a pris pour des rois les chefs des armées ou des républiques.

Tout ceci se passait en Europe ; car, pour l'Asie et l'Afrique, elles ont toujours été accablées sous le despotisme, si vous en exceptez quelques villes de l'Asie Mineure dont nous avons parlé, et la république de Carthage en Afrique.

Le monde fut partagé entre deux puissantes républiques, celle de Rome et celle de Carthage. Il n'y a rien de si connu que les commencements de la République romaine, et rien qui le soit si peu que l'origine de celle de Carthage. On ignore absolument la suite des princes africains depuis Didon, et comment ils perdirent leur puissance. C'eût été un grand bonheur pour le monde que l'agrandissement prodigieux de la République romaine, s'il n'y avait pas eu cette différence injuste entre les citoyens romains et les peuples vaincus ; si l'on avait donné aux gouverneurs des provinces une autorité moins grande ; si les lois si saintes pour empêcher leur tyrannie avaient été observées ; et s'ils ne s'étaient pas servis, pour les faire taire, des mêmes trésors que leur injustice avait amassés.

César opprima la République romaine, et la soumit à un pouvoir arbitraire.

L'Europe gémit longtemps sous un gouvernement militaire et violent, et la douceur romaine fut changée en une cruelle oppression.

Cependant une infinité de nations inconnues sortirent du Nord, se répandirent comme des torrents dans les provinces romaines, et, trouvant autant de facilités à faire des conquêtes qu'à exercer leurs pirateries, elles démembrèrent l'empire et fondèrent des royaumes. Ces peuples étaient libres, et ils bornaient si fort l'autorité de leurs rois qu'ils n'étaient proprement que des chefs ou des généraux. Ainsi ces royaumes, quoique fondés par la force, ne sentirent point le joug du vainqueur. Lorsque les peuples d'Asie, comme les Turcs et les Tartares, firent des conquêtes, soumis à la volonté d'un seul, ils ne songèrent qu'à lui donner de nouveaux sujets et à établir par les armes son autorité violente. Mais les peuples du Nord, libres dans leur pays, s'emparant des provinces romaines, ne donnèrent point à leurs chefs une grande autorité. Quelques-uns même de ces peuples, comme les Vandales en Afrique, les Goths en Espagne, déposaient leurs rois dès qu'ils n'en étaient pas satisfaits ; et, chez les autres, l'autorité du prince était bornée de mille manières différentes : un grand nombre de seigneurs la partageaient avec lui ; les guerres n'étaient entreprises que de leur consentement ; les dépouilles étaient partagées entre le chef et les soldats ; aucun impôt en faveur du prince ; les lois étaient faites dans les assemblées de la nation. Voilà le principe fondamental de tous ces États qui se formèrent des débris de l'empire romain.

De Venise, le 20 de la lune de Rhégeb 1719.

Montesquieu, *Lettres persanes* (1721).

23. La littérature du Nord au Sud

*Anne Louise Germaine de Staël-Holstein (1766–1817[i]), fille du banquier Jacques Necker, qui fut ministre sous Louis XVI, est l'auteure de romans (*Delphine, *1802 ;* Corinne *1807) ainsi que de traités politiques et littéraires. Dans son essai* De l'Allemagne *(1813), elle fait connaître la littérature d'Outre-Rhin aux Français et réfléchit sur les caractères nationaux des deux pays. Les liens entre la littérature et les contextes socio-historiques sont déjà au centre de son ouvrage de 1800* De la littérature considérée dans ses rapports avec les institutions sociales.

De la littérature du Nord

Il existe, ce me semble, deux littératures tout à fait distinctes, celle qui vient du midi et celle qui descend du nord, celle dont Homère est la première source, celle dont Ossian[ii] est l'origine. Les Grecs, les

---

ii En 1760, un poète écossais nommé James Macpherson (1736–1796) recueillit de prétendus chants d'Ossian sous le titre *Fragments of Ancient Poetry, Collected in the Highlands of Scotland, and Translated from the Galic or Erse Language.* Pour Staël, ces poèmes semblent démontrer l'existence d'une tradition nordique comparable à

Latins, les Italiens, les Espagnols, et les Français du siècle de Louis XIV, appartiennent au genre de littérature que j'appellerai la littérature du midi. Les Anglais, les Allemands, et quelques écrits des Danois et des Suédois, doivent être classés dans la littérature du nord. Avant de caractériser les écrivains anglais et les écrivains allemands, il me paraît nécessaire de considérer d'une manière générale les principales différences des deux hémisphères de la littérature. [...]

Le climat est certainement l'une des raisons principales des différences qui existent entre les images qui plaisent dans le nord, et celles qu'on aime à se rappeler dans le midi. Les rêveries des poètes peuvent enfanter des objets extraordinaires ; mais les impressions d'habitude se retrouvent nécessairement dans tout ce que l'on compose. Éviter le souvenir de ces impressions, ce serait perdre le plus grand des avantages, celui de peindre ce qu'on a soi-même éprouvé. Les poètes du midi mêlent sans cesse l'image de la fraîcheur, des bois touffus, des ruisseaux limpides, à tous les sentiments de la vie. Ils ne se retracent pas même les jouissances du cœur, sans y mêler l'idée de l'ombre bienfaisante, qui doit les préserver des brûlantes ardeurs du soleil. Cette nature si vive qui les environne, excite en eux plus de mouvements que de pensées. C'est à tort, ce me semble, qu'on a dit que les passions étaient plus violentes dans le midi que dans le nord. On y voit plus d'intérêts divers, mais moins d'intensité dans une même pensée ; or c'est la fixité qui produit les miracles de la passion et de la volonté.

Les peuples du nord sont moins occupés des plaisirs que de la douleur ; et leur imagination n'en est que plus féconde. [....]

La poésie du nord convient beaucoup plus que celle du midi à l'esprit d'un peuple libre. [...]

La philosophie, à la renaissance des lettres, a commencé par les nations septentrionales, dans les habitudes religieuses desquels la raison trouvait à combattre infiniment moins de préjugés que dans celles des peuples méridionaux. [...]

---

la tradition homérique. La critique actuelle y voit des compilations réalisées par l'éditeur supposé sans pouvoir déterminer avec précision dans quelle mesure ils sont fondés sur une tradition orale ou d'éventuels documents.

Rien ne doit être, en général, si froid et si recherché que des dogmes religieux transportés dans un pays où ils ne sont reçus que comme des métaphores ingénieuses. La poésie du nord est rarement allégorique ; aucun des effets n'a besoin de superstitions locales pour frapper l'imagination. Un enthousiasme réfléchi, une exaltation pure, peuvent également convenir à tous les peuples ; c'est la véritable inspiration poétique dont le sentiment est dans tous les cœurs, mais dont l'expression est le don du génie.

Germaine de Staël,
De la littérature considérée dans ses rapports avec les institutions sociales (1800).

Pour lire le texte original en ligne (édition de 1880) :
http://gallica.bnf.fr/ark:/12148/bpt6k61078256/f2.image

Pour écouter le livre audio :
http://gallica.bnf.fr/ark:/12148/bpt6k61078256/f2.vocal

24. Des caractères nationaux

L'abbé François-Ignace d'Espiard de La Borde (1707–1777), fils d'un président au parlement de Franche-Comté, fut grand-vicaire de l'évêque de Troyes, puis conseiller-clerc au parlement de Bourgogne. On ne lui connaît qu'un Essai sur le génie et le caractère des nations *(Bruxelles, 1743) réédité en 1752 sous le titre d'*Esprit des nations. *Il y expose la théorie de l'influence des facteurs physiques, liés à la géographie, sur le caractère national, assurant que « Le climat est pour une nation la cause fondamentale de son génie, en y ajoutant celles qui lui sont subordonnées dans le même genre, comme la qualité du sang, la nature des aliments, la qualité des eaux et des végétaux. » Il examine des applications particulières de sa théorie en s'intéressant notamment aux femmes et à l'amour.*

Nous divisons tous les peuples qui habitent la terre en trois parties. La première renferme les trente degrés depuis l'équateur en deçà que nous attribuerons aux régions ardentes et aux peuples méridionaux. Les trente degrés suivants renfermeront les peuples des régions moyennes et tempérées, jusqu'au soixantième degré vers le pôle ; et de là jusqu'aux pôles seront les 30 degrés des peuples septentrionaux, et les régions d'une froideur excessive.

La même division pourra se faire des peuples au-delà de l'équateur, en tirant vers le pôle antarctique. [...]

Du 40 au 50 sont situées l'Espagne ultérieure, la France, l'Italie, la haute Allemagne jusqu'au Main, l'Hongrie [sic], l'Illyrie, les deux Mysies[i], le pays des Daces[ii], la Moldavie, la Thrace, et la Macédoine, une grande partie de l'Asie mineure, la Sogdiane bornée au midi par la Bactriane, enfin l'Arménie et la Province des Parthes. [...]

Les peuples de l'Amérique et ceux de l'Europe, sont des peuples guerriers, qui jamais n'ont renfermé les femmes. Ni les sauvages, ni les Scythes, ni les Goths, etc. malgré leur barbarie, ne songèrent à les priver de la liberté. Au contraire, elles jouirent toujours d'une espèce d'égalité

---

i   Le Nord-Ouest de l'Asie Mineure.
ii   La Roumanie.

dans la société de l'homme. Leur bonheur commença en Europe, dès que ces peuples furent parvenus à quelques établissements : c'est-à-dire aussitôt qu'il put commencer. Plus on avance vers le nord, plus leur autonomie s'augmente, et plus la jalousie diminue. On n'oserait rapporter l'indifférence des anciennes lois allemandes à ce sujet. Mais ces mêmes Visigoths, transplantés en Espagne, prirent les lois de la jalousie du pays, nécessaires dans les climats de cette nature ; si l'incontinence des femmes, qui jouissent de quelque liberté, à Cusco, à Lima, à Goa, et dans les Indes, est aussi grande que les voyageurs la représentent.

On laisse aux écrivains de ces aventures et de ces nouvelles ingénieuses le détail de l'esprit de la société, des mœurs, et de la galanterie française. Un coup d'œil philosophique convient seul à notre dessin, et le remplit. On aura l'idée générale de l'esprit et du cœur des différentes nations modernes en ce genre.

La beauté inspire ou la passion, ou le désir des sens, ou la gaieté, ou l'admiration. L'Espagnol mélancolique et profond tend plus directement à l'objet naturel de la passion, qui est la beauté. Il la préfère à l'esprit et à la gaieté. L'Italien biaise déjà un peu : il tend directement, non à l'objet de la passion, qui est la beauté, mais à son but, qui est la volupté. Il préfère une beauté timide. Dans la passion de l'Espagnol, il n'entre que la nature : dans celle de l'Italien, il entre déjà de l'imagination et de l'esprit.

Le Français, moins profond dans ses sensations, s'écarte plus de l'objet et du terme de la beauté. Il préfère une femme de bonne humeur, et l'esprit à la gaieté. L'Allemand, enfin, s'en éloigne beaucoup plus. La beauté fait naître chez lui l'admiration et le respect, qui n'en sont point les effets essentiels. Aussi l'extrême beauté des femmes allemandes n'a pu dissoudre le phlegme de la nation, ni communiquer au style et aux arts ce beau feu, que l'Italie et la France ont dérobé à l'antiquité.

La manière d'aimer particulière à chaque nation répond à son principe. L'Espagnol joue le personnage d'un fol, et menace de tout perdre, s'il ne réussit. S'il échoue, il en vient aux macérations, et à toutes ces pénitences amoureuses dont leurs romans ont fait des peintures si agréables. Il n'y a pas cinquante ans, et peut-être encore aujourd'hui, les Espagnols ont-ils à la Cour une secte particulière de ces amoureux en titre, et par état, appelés *Embevecidos*, c'est-à-dire *enivrés d'amour*. Ils ont permission d'étaler leurs transports publiquement. On ne prend point garde à leur contenance, et à leur parure ; parce que l'amour, qui les possède tout entiers, doit leur servir d'excuse.

L'Italien attaque par les images d'une volupté polie et d'une impudence raffinée. Les termes et le génie de sa poésie annoncent les délices. Sa passion éclate par la musique et les concerts. Rien n'égale sa fécondité pour les vers. Il ne quitte point, qu'il n'ait fait sa conquête, ou qu'il ne se soit vengé de son rival.

Le Français est léger, inconstant, et brillant. La gaieté de son amour éclate par les chansons, les plaisanteries, les saillies comiques, et les repas agréables. S'il se fait aimer, l'inconstant bientôt se dégoûte. Si sa maîtresse demeure insensible, il menace, et médit : puis il se console ; et l'orage n'est pas de longue durée.

L'Allemand, froid, circonspect, pensif, est difficile à émouvoir : mais, quand une fois il est amoureux, il verse les présents à pleines mains. C'est le grand art de sa galanterie. D'ailleurs, embarrassé, timide, appréciateur exact des bienséances. S'il a le bonheur de se faire aimer, on le voit bientôt revenir à son phlegme, ou s'il est malheureux, demeurer tel qu'il était.

[…] Au reste, nous n'avons que ces quatre branches dans cette passion ; et toutes les manières d'aimer chez les différentes nations se rapportent à celles-ci, combinées quelquefois ensemble, ou séparément.

François-Ignace d'Espiard de La Borde, *Esprit des nations* (1752).

Pour lire le texte original en ligne (édition de 1753) :
https://books.google.co.uk/books?id=o2Q9AQAAMAAJ
&printsec=frontcover

25. La diversité linguistique en Europe

Effigies BEATI FRANCISCI CARACCIOLI Neapolitani Ordinis Clericorum Minorum Fundatoris, Cujus sollemnis Beatificatio peracta fuit in Basilica Vaticana die 10. Septembris 1769.

Louis-Antoine Caraccioli[i] constate dans Paris, le modèle des nations étrangères ou l'Europe française (1777), la suprématie de la langue française sur les autres langues européennes. Il entre ainsi dans un débat auquel participeront nombre d'autres penseurs du temps, dont Rivarol.

Des langues

Chaque peuple exprime ce qu'il est par sa manière de parler. La liberté polonaise, la gravité allemande, la souplesse italienne, la fierté espagnole, la légèreté française, se font remarquer dans les diverses langues, et dans la manière de les prononcer. L'un traîne ses mots, l'autre les précipite, celui-ci les étouffe, celui-là les fait sonner.

Si c'était ici le lieu d'assigner à chaque langue le rang qui lui est dû, je dirais, qu'après la grecque et la latine, l'italienne, comme insinuante et sonore, la française, comme élégante et précise, méritent la préférence. Si cette dernière est maintenant la triomphante, c'est que, naturelle et concise dans ses expressions, elle est le langage de la société ; l'italienne, à raison de son harmonie, paraît beaucoup moins propre à la conversation qu'à la musique et à la poésie.

[…] Il faut revenir à la langue française, quand on veut converser ; moins diffuse que toute autre, moins difficile à prononcer, elle n'exige ni une abondance de mots ni des efforts de gosier, pour donner du corps aux pensées ; que dis-je, elle les revêt de manière à leur communiquer beaucoup d'agréments sans les énerver ni les enfler.

Si certains écrivains affectèrent de publier qu'elle est extrêmement pauvre, c'est qu'ils n'eurent pas le talent de la faire valoir ; mais elle est bien vengée de leurs fausses imputations par le plaisir que les Européens goûtent à la parler.

---

i   https://www.flickr.com/photos/63794459@N07/6362446103

D'ailleurs qu'on écrive comme Pascal, comme Malebranche, comme Bossuet, comme Rousseau ; et bientôt on persuadera le public que la langue française est véritablement riche, et que, si elle ne varie pas ses tours à l'infini, elle donne aux pensées une élégance et une énergie dont les auteurs médiocres ne la croient pas susceptible. [...]

L'étranger a senti ce charme puissant, et il a été entraîné, comme malgré lui, à oublier sa propre langue, pour parler celle des Français. On est tout étonné d'entendre converser à la Cour de Vienne, de Pétersbourg, de Varsovie, comme à celle de Versailles. C'est la même expression, le même accent.

Français, sentez tout le prix d'un pareil honneur, et vous appliquez[ii] plus que jamais à enrichir une langue devenue presqu'universelle.

Le Parisien qui voyage en Europe s'aperçoit à peine qu'il a quitté Paris, il ne trouve point de ville où l'on ne lui réponde.

Cette langue a l'avantage d'avoir fourni aux Anglais presque tous les termes des sciences et des arts. Ces fiers insulaires qui veulent ne rien devoir à personne, ont été forcés de dérober aux Français mêmes une multitude de mots énergiques ; et il n'y a point de saison où ils ne viennent en France par essaims pour y apprendre la langue des Corneille et des Racine. C'est encore un autre avantage de la langue française, de s'élever en poésie, autant que cet art est sublime, et de donner un nouvel éclat aux plus brillantes pensées.

Louis-Antoine Caraccioli,
Paris, le modèle des nations étrangères ou l'Europe française (1777).

Pour lire le texte original en ligne (édition de 1777) :
http://gallica.bnf.fr/ark:/12148/bpt6k1156961

Pour écouter le livre audio :
http://gallica.bnf.fr/ark:/12148/bpt6k1156961/f3.vocal

---

ii   Nous dirions en français moderne « appliquez-vous ».

26. Le rôle de l'Allemagne dans la culture européenne

August Wilhelm Schlegel (1767–1845[i]), homme de lettres du Romantisme allemand et ami de Germaine de Staël, analyse, dans son traité de critique littéraire Abrisse von den europäischen Verhältnissen der deutschen Literatur *(vers 1828), le rôle de la littérature allemande dans la culture européenne.*

L'Allemagne, alors qu'elle se trouve au cœur de l'Europe, non seulement d'un point de vue géographique mais aussi intellectuel, est toujours une *terra incognita*, même pour ses voisins les plus proches. Cette façon d'être a en effet ses avantages : tous les souverains voyagent incognito parce qu'ils trouvent agréable la possibilité de faire la connaissance de gens sans révéler leur propre identité. J'ose prétendre ainsi que nous sommes les gens les plus cosmopolites de l'Europe : nous ne demandons même pas dans quel pays on a trouvé une nouvelle vérité. Aucune partialité ou limite ne nous empêche de reconnaître et d'utiliser immédiatement un quelconque progrès dans les sciences réalisé dans n'importe quel pays. Nous n'avons jamais été gâtés d'une admiration exagérée par nos voisins qui nous aurait poussés à développer un orgueil national comme cela fut le cas au désavantage de nos voisins d'outre-Rhin. Cela est le moindre de nos soucis. Mais nous ne nous soucions pas non plus de leur critique, car nous savons d'avance qu'il naît généralement de leur ignorance ou de préjugés bien enracinés ou de leurs habitudes. […]

L'Europe d'aujourd'hui a acquis sa maturité par le riche héritage intellectuel que nous léguèrent la Grèce et les Romains ; par la Réforme et les conflits d'opinions qu'elle nous laissa et qui durèrent des siècles. Il s'agit aussi d'opinions qui, à première vue, n'ont aucun rapport avec la religion et la constitution de l'Église. L'Europe a acquis sa maturité par le développement extraordinaire des sciences à travers les siècles ; enfin par l'ère des découvertes entamées par Christophe Colomb et Vasco de

---

i   https://www.flickr.com/photos/internetarchivebookimages/14777435381

Gama et presque menées à terme entretemps. Il en résulta la possibilité de connaître et d'être en commerce avec tous les êtres humains habitant cette planète.

August Wilhem Schlegel,
Résumé des rapports européens de la littérature allemande (vers 1828).

Louis-Léopold Boilly, *L'Arrivée de la diligence dans la Cour des Messageries* (1803[ii]).

---

ii   https://commons.wikimedia.org/wiki/File:Louis-Léopold_Boilly_002.jpg

27. L'enlèvement d'Europe

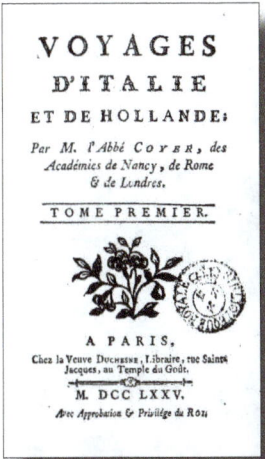

Gabriel Coyer (1707–1782) fut jésuite jusqu'en 1736, après quoi il devint précepteur, secrétaire particulier et homme de lettres. Ses idées, originales et souvent audacieuses, sa participation aux grandes querelles du temps le rangent sans ambiguïté au côté des philosophes. « C'est un de nos frères », a dit de lui Voltaire. Il parcourt l'Italie en 1763–1764 et la Hollande en 1769[i].

Venise, le 12 juin 1764

Vous avez vu partout l'enlèvement d'Europe. Paul Véronèse l'a aussi traité ; mais avec quel art dans la façon de grouper, avec quels tons de couleurs, quelle supériorité ! L'effet n'en fut jamais aussi saillant, aussi beau. Le Taureau lèche les pieds de la Belle enlevée. Que dites-vous de cette idée agréable ? C'est le Palais de Saint-Marc qui possède ce trésor.

Gabriel Coyer, *Voyage d'Italie et de Hollande* (1775).

Pour lire le texte original en ligne (édition de 1775) :
http://gallica.bnf.fr/ark:/12148/bpt6k103467z

---

i   http://gallica.bnf.fr/ark:/12148/bpt6k103467z

28. L'union économique ?

Dans son Projet pour rendre la paix perpétuelle en Europe, *Charles-Irénée Castel de Saint-Pierre, défie les détracteurs du projet européen en soulignant l'impact d'une union économique pour la prospérité des pays qui y participent.*

Claude-Joseph Vernet, *Vue côtière* (1771[i]).

Si par le traité d'Union, m'a-t-on dit, le commerce augmente en France, en Espagne, en Danemark, en Portugal et ailleurs, cette augmentation ne pourra se faire qu'au préjudice de l'Angleterre, et surtout de la Hollande, qui sont aujourd'hui le plus grand commerce du Monde. Mais il est aisé de répondre à cette objection, et de montrer que cette augmentation des uns ne nuira en rien à l'augmentation du commerce des autres ; c'est qu'à la vérité le commerce augmentera chez toutes les nations, mais

---

i   https://commons.wikimedia.org/wiki/File:Vue_côtière.jpg

il augmentera partout proportionnellement. La nation qui faisait la douzième partie du commerce d'Europe, fera un plus grand commerce ; mais comme toutes les autres augmenteront le leur à proportion, elle ne fera alors que la douzième partie du commerce : celle qui seule faisait le tiers de ce commerce, augmentera le sien, et continuera à faire encore le tiers du total. Ainsi les nations qui ont chez elles le plus de moyens de faire le commerce, continueront à avoir le plus de part au commerce.

Charles-Irénée Castel de Saint-Pierre,
Projet pour rendre la paix perpétuelle en Europe (1713).

Pour lire le texte original en ligne (édition de 1713, tome I) :
http://gallica.bnf.fr/ark:/12148/bpt6k86492n?rk=21459;2

Pour lire le texte original en ligne (édition de 1713, tome II) :
http://gallica.bnf.fr/ark:/12148/bpt6k864930?rk=42918;4

29. Un marché commun européen

Tout au contraire du rêve autarcique exprimé par Fichte dans Der geschlossene Handelsstaat *(1800), Charles de Villers (1765–1815[i]) montre la nécessité d'un marché commun européen, qui mettrait en communication les grandes villes commerçantes de l'Europe du nord et du midi. Ces villes, ports fluviaux et/ou maritimes, ont deux fonctions commerciales, l'une, immédiate, au profit du bassin économique local, l'autre, médiate, au profit de l'ensemble du continent.*
*Le terme d'*Entrepôt*, qui relève de cette seconde fonction, qualifie la liaison commerciale entre les zones nord et sud. Le modèle politique favorable au commerce est tiré des trois villes hanséatiques, Brême, Hambourg et Lubeck, et doit s'appliquer aux autres cités, notamment italiennes, comme Venise ou Gênes. Enfin l'activité commerciale, parce qu'elle est noble quant à sa finalité, requiert de vastes connaissances. Villers rêve d'un commerçant éclairé.*

Les besoins tant réels que factices de ses habitants, leur haut degré d'activité et de civilisation, leur rend indispensables les échanges réciproques des productions de leur sol et de leur industrie. Tel point du continent abonde en vins, en huiles, en fruits exquis, en soieries, en laines, ou crues ou fabriquées, enfin en marchandises aromatiques et de luxe — tel autre abonde en grains, en lin et chanvre (avec lesquels se fabriquent les agrès, toiles et cordages), en bois de construction, en fers et en cuivres, en goudrons, en cire, en suif, etc. etc. Enfin, le climat, le sol, le genre d'industrie locale procurent à chaque région la surabondance d'une ou de plusieurs sortes de denrées, et le manquement absolu de quelques autres. De là cet échange de ce qu'on a de trop, pour obtenir ce qui manque. Celui qui a surabondance de vin se procure à son aide du grain ; celui qui a surabondance de grain se procure en retour du vin. Celui qui a du métal de trop, s'en sert pour acheter du grain et du vin, etc. — Et c'est vainement que chaque contrée, rebelle à la nature,

---

i   https://commons.wikimedia.org/wiki/File:Charles_de_Villers.jpg

voudrait s'isoler des autres, et forcer son propre sol à lui fournir les diverses productions dont elle a besoin. [...]

Voilà ce qui constitue la *seconde fonction* commerciale, celle de *l'Entrepôt* ; fonction de la plus haute importance, qui lie entre elles des nations éloignées, des contrées à qui la nature semblait avoir interdit tout commerce direct, au moins dans un certain degré d'activité. Le commerce fluvial de tout port qui domine un fleuve consiste dans la vente immédiate des propres denrées de son pays riverain, et dans l'achat de sa consommation en denrées étrangères. Mais l'Entrepôt ne participe point par lui-même, quant à la production, à ce qui fait l'objet de son activité. D'une et d'autre part, ce sont des marchandises étrangères et de pays éloignés qu'il accumule dans ses magasins, recevant des uns pour échanger avec les autres, et n'offrant à tous qu'une garantie en numéraire, en bonne foi et en habileté. Le caractère du commerce de l'Entrepôt est donc d'être *médiat*, et de ne pas se borner aux importations et exportations d'une seule province commerciale. La première fonction du commerce, ne se rapportant jamais qu'à un district borné, est locale, et presque toujours restreinte à une seule nation : la seconde embrasse des masses d'États entiers ; elle sert aux intérêts de tous, et fonde des instituts, lesquels doivent être sacrés pour toutes les nations qui participent à leur influence bienfaisante. [...]

Ce qui est nécessaire à tous, ce qui appartient à tous, ne doit appartenir à personne en particulier. Les grands Entrepôts de commerce sont la propriété commune de toute l'Europe ; et ce doit être désormais un article inviolable du droit des gens de cette partie du monde, qu'on respecte dans toutes les guerres à venir la neutralité absolue de ces places, qu'on ne touche ni à leur territoire, ni à leur port, ni à leur pavillon, qu'on ne fasse passer aucune troupe armée dans leurs murs, et qu'on ne se permette d'en tirer aucunes contributions. Ces ménagements ne doivent être en effet dictés par aucun esprit de faveur envers les villes hanséatiques ; mais par l'intérêt général de tous, et par un esprit de noble civilisation, qui s'impose à lui-même le devoir de garantir d'atteinte tout ce qui a été institué pour la faire fleurir. [...]

Ces premiers linéaments d'une organisation générale du commerce européen, font voir combien sont précises et déterminées par l'état des choses, les fonctions particulières des membres de ce grand ensemble. Pour que chacun tire le meilleur parti possible de sa position et de cet état des choses, il faut qu'il connaisse aussi exactement que possible l'un et l'autre, et qu'il ne s'abandonne pas uniquement à une routine aveugle. Il faut que le commerçant soit instruit, et très instruit ! La connaissance parfaite de la terre, de ses productions, de ses habitants, des diverses langues, du droit, de l'histoire, de la politique, des finances, des voyages, et tant d'autres, lui sont absolument indispensables. Pour que le commerce soit bien fait en grand, il doit être guidé par un esprit rempli de vues et de lumières. Elles manquent malheureusement à beaucoup de commerçants. J'en ai vus qui affectaient même du mépris pour l'instruction. Il est fort à désirer qu'un changement s'opère de ce côté. L'établissement d'une *Académie commerciale* serait d'un très grand avantage pour toute l'Europe. Les éléments s'en trouveraient à Hambourg. On pourrait placer cette académie dans la petite ville de Bergedorf, près des bords de l'Elbe, et qui appartient en commun à Hambourg et à Lubeck. Une telle institution serait digne d'une ville qui a produit des hommes tels que *Büsch, Reimarus, Ebeling*, etc.

Charles de Villers,
Constitutions des trois villes libres-hanséatiques, Lubeck, Brêmen et Hambourg, avec un Mémoire sur le rang que doivent occuper ces villes dans l'organisation commerciale de l'Europe (1814).

Pour lire le texte original en ligne (édition de 1814) :
https://books.google.co.uk/books?id=deBYAAAAcAAJ
&printsec=frontcover

30. L'empire de la raison

*La pensée politique de Stanislas Leszczynski (1677–1766[i]), roi de Pologne puis duc de Lorraine, est faite d'un mélange de pragmatisme et d'idéalisme : pour vivre en paix avec ses voisins, un État doit savoir s'en faire craindre ; mais il n'exercera durablement son empire que par la sagesse de ses lois et la vertu de son souverain. Dans l'*Entretien d'un Européen avec un insulaire du Royaume de Dumocala, *il fait dialoguer un voyageur, dont le vaisseau a fait naufrage sur une terre australe inconnue, avec un homme vénérable, « espèce de brachmane », rencontré au troisième jour de son arrivée.*

Vous vous trompez, reprit [le brachmane] : notre île est isolée, il est vrai ; mais elle est immense : nous n'en possédons que la principale partie, et nous avons des voisins qui devraient naturellement être d'autant plus jaloux de notre puissance, qu'il n'est aucun d'eux qui puisse l'égaler : peu redoutables chacun par eux-mêmes, ils pourraient le devenir par leur union ; mais notre système nous met à l'abri de leurs insultes. Par notre bonne foi, nous avons gagné leur confiance, et ils ont tant de preuves de notre désintéressement, qu'ils nous croient du moins aussi portés à ménager leur repos, qu'ils le devraient être eux-mêmes.

Moins tranquilles entre eux, parce qu'ils se méfient les uns des autres, ils s'attaquent presque toujours ; et leurs guerres sont d'autant plus cruelles, qu'elles deviennent plus opiniâtres par l'égalité de forces qui balance leurs succès.

Il n'est que l'ascendant que nous donne sur eux l'opinion qu'ils ont de notre sagesse qui puisse mettre fin à leurs malheurs. Ils prennent notre souverain pour arbitre de leurs querelles ; et notre souverain, d'ailleurs assez puissant pour leur faire accepter la paix, trouve plus de

---

i   https://commons.wikimedia.org/wiki/File:Atelier_de_Van_Loo-Portrait_de_ Stanislas_Leszczynski-Musée_barrois.jpg

gloire à la leur donner, qu'il n'en aurait à profiter de leur épuisement pour étendre à leurs dépens les bornes de son empire.

C'est là une espèce de monarchie universelle, d'autant mieux fondée, que ceux-là même qu'elle subjugue en effet, sont plus empressés de s'y soumettre, que les peuples qu'ils gouvernent ne le sont d'obéir à leurs lois.

De là vient aussi que, pour la maintenir comme ils le souhaitent, nos troupes sont toujours prêtes à marcher où leurs besoins les appellent ; mais ces troupes, contre l'usage ordinaire de celles de vos pays, n'étant destinées à faire la guerre que pour la terminer, ne soulèvent point contre nous des nations qui trouvent leur avantage dans notre supériorité ; et qui, prêtes à se confédérer pour la détruire, si nous voulions en abuser, cherchent au contraire à la maintenir, parce que réellement nous ne nous occupons qu'à la leur rendre utile.

Comparez donc à présent, ajouta le brachmane, votre politique avec la nôtre, et voyez laquelle est plus estimable, plus sûre, plus utile en effet, ou celle qu'on ne peut éviter de suspecter, parce qu'elle n'a jamais de succès qu'autant qu'elle s'applique à ne point paraître, ou celle qui, se montrant à découvert, devient parmi les nations un principe de liaison et d'amitié, plutôt qu'un motif de méfiance et de crainte.

Stanislas Leszczynski,
Entretien d'un Européen avec un insulaire du Royaume de Dumocala (1752).

Pour lire le texte original en ligne (édition de 1752) :
http://gallica.bnf.fr/ark:/12148/bpt6k84469n

31. La circulation des richesses

L'aristocrate espagnol Tomás de Iriarte (1750–1791[i]) a été élevé dans une famille très marquée par la culture française et il ne devait pas démentir cet héritage puisqu'il se rendit célèbre comme traducteur, en particulier du théâtre français. Ses fables firent le trajet inverse puisqu'elles eurent sur Florian une influence considérable. Ce bref texte montre que nul n'est prophète en son pays, mais aussi qu'il convient toujours d'accueillir ce qui vient de l'étranger

Fable XLI — Le Thé et la Sauge

Le thé, de l'empire chinois parti,
Sur son chemin rencontra la sauge ainsi.
Elle lui dit : « Où vas-tu, compère ?
— Je vais en Europe, commère,
Où je sais qu'on m'achète à bon prix ».

---

i   https://commons.wikimedia.org/wiki/File:Tomas_de_Iriarte_Joaquin_Inza.jpg

« Moi, répondit la sauge, je vais en Chine,
Car là-bas on me reçoit, je l'ai appris,
Par goût et pour la médecine.
En Europe on me traite de sauvage,
Et je n'ai jamais pu faire fortune. »

« Va. Heureux sera ton voyage,
Car il n'existe aucune nation
Où les produits qui viennent de l'étranger
Ne sont accueillis avec enthousiasme et argent. »

Tomás de Iriarte, *Fables littéraires* (1782).

Pour lire le texte original en ligne :
http://albalearning.com/audiolibros/iriarte/41te.html

 **Pour écouter le livre audio (édition espagnole) :**
http://albalearning.com/SONIDO/iriarte/albalearning-41te_
iriarte.mp3

32. La sociabilité européenne

Louis-Antoine Caraccioli décrit dans son traité Paris, le modèle des nations étrangères ou l'Europe française, *en 1777, comment le modèle de sociabilité de la conversation française a contribué à rendre toute l'Europe policée.*

De l'Esprit de Société.

Il n'est donné à tous les hommes d'avoir cet esprit liant et facile, qui gagne la confiance, et qui plaît dans tous les pays. Je ne connais que l'Italien, le Français, et peut-être le Suédois, qui soient portés d'eux-mêmes à prévenir ceux qu'ils rencontrent, et qui leur parlent volontiers.

Les Européens, presque tous sur la réserve, ne sont devenus communicatifs, que depuis qu'ils prirent les manières françaises. Il fallait autrefois des efforts incroyables pour arracher une seule parole d'un Anglais. S'imaginant toujours qu'on cherchait à le surprendre dans ses propos, il ruminait en lui-même le plus court monosyllabe pour le tirer d'embarras, et il payait de cette monnaie tous ceux qui voulaient converser avec lui.

Mais c'était bien autre chose, lorsqu'on allait dans son pays. Il ne reconnaissait plus les personnes dont il avait reçu les plus grandes politesses. Heureux siècle ! Tout a changé, le Hollandais parle, et l'Anglais accueille l'étranger.

À force d'entendre discourir les Français, on les copie insensiblement, et d'ailleurs comme ils sont naturellement questionneurs et curieux, ils ont si souvent interrogé, qu'il a fallu leur répondre de force ou de gré. Les langues par ce moyen se sont déliées, et l'on connaît maintenant l'art de converser chez tous les Européens.

Ce n'est plus le temps où des hommes rassemblés passaient des jours entiers à fumer, sans dire un seul mot. Les tabagies hollandaises sont devenues presqu'aussi bruyantes que si elles étaient remplies de Français, et les hôtelleries allemandes où l'on ne répondait jamais qu'avec beaucoup de peine, ont présentement des hôtes qui bégaient quelques phrases, et qui même font des compliments.

Je conviens que le Français s'aventure dans le propos ; que souvent, sans connaître ceux qu'il voit, il leur adresse la parole ; qu'il leur fait même des questions, et qu'il cherche à devenir l'ami du genre humain : mais cela ne vaut-il pas mieux qu'un personnage morose, qui a l'air d'une statue échappée de quelque mausolée ; qu'un homme qui croit toujours être en pays ennemi, et qui craint de se compromettre, même en ne parlant que de la pluie ? J'aime mieux un étourdi qui babille, qu'un cynique qui ne dit mot ; autant dîner avec mon perroquet, qu'avec un original qui ne desserre les dents que pour manger.

Qu'y a-t-il de plus agréable pour un homme qui voyage, que de rencontrer des personnes qui l'entretiennent sur divers événements, qui lui apprennent la nouvelle du jour, qui lui racontent l'histoire de la veille, et qui s'annoncent comme ses amis, comme ses frères, dès le moment qu'ils l'abordent. [...]

Nous aimons à voir le monde entier ne faire qu'une seule et même famille, et par des occupations diverses, par des goûts différents remplir les mêmes objets, concourir à la même fin. Alors on dirait qu'il n'y a qu'un seul esprit, qu'une seule âme, qu'un seul être.

Il n'y a pas cinquante ans qu'un Français, qui se présentait dans quelque assemblée, soit à Gênes, soit à Londres, passait pour un véritable étourdi. Son air libre, sa conversation aisée révoltaient des personnages qui ne savaient être que sérieux ; mais à présent qu'on a connu le prix de la société, on ne porte plus un jugement aussi hasardé. Ce qui était pris alors pour folie, passe maintenant pour gaieté.

L'art de converser fut toujours la science favorite des Français : ils aimeraient mieux ne pas exister, que de ne pas parler ; et je ne vois pas qu'ils aient tort, puisque la parole et la pensée sont ce qui distingue essentiellement les hommes des animaux.

Les lois de la conversation étant de ne s'appesantir sur aucun sujet, mais de passer légèrement d'une matière à l'autre, sans effort et sans affectation, de savoir parler de choses frivoles et de choses sérieuses ; de se souvenir que tout entretien est un délassement, et non une escrime ; un jeu, et non une étude, les Français sont plus propres que tout autre peuple à ce genre d'exercice.

[...] Rien de plus délicieux, que de savoir converser avec politesse, avec douceur, avec légèreté, et c'est un agrément qu'on trouve aujourd'hui dans toute l'Europe. En Allemagne, et surtout en Italie, on se distribue dans des assemblées où l'âme est à l'aise, où l'esprit prend l'essor, où Minerve badine, où Vénus moralise, où les Grâces et les Muses s'escriment joliment ; le Français s'y plaît, il y retrouve Paris, il s'y retrouve lui-même.

L'Anglais acquiert cette amabilité si intéressante et si naturelle ; il ne veut même pas aujourd'hui qu'on le soupçonne d'être taciturne et rêveur. On dirait qu'il a honte de l'avoir été. Il y a tout à parier qu'après les métamorphoses que nous voyons, il se persuadera enfin, que ce n'est pas en tenant table du matin au soir, qu'on s'amuse, ni en se livrant à des transports immodérés.

D'après l'exemple que la France a donné, les Européens ne conversent plus comme autrefois, uniquement pour disputer et pour faire assaut d'érudition. On abandonne la controverse aux écoles, et les pédants sont écartés de la bonne compagnie, où l'on n'a plus de thèses à soutenir.

Louis-Antoine Caraccioli,
Paris, le modèle des nations étrangères ou l'Europe française (1777).

Pour lire le texte original en ligne (édition de 1777) :
http://gallica.bnf.fr/ark:/12148/bpt6k1156961

 **Pour écouter le livre audio :**
http://gallica.bnf.fr/ark:/12148/bpt6k1156961/f3.vocal

33. La Sûreté des frontières de l'Europe

Dans son Projet pour rendre la paix perpétuelle en Europe, *Charles-Irénée Castel de Saint-Pierre, envisage la protection des frontières de l'Europe en comptant sur le soutien des nations associées à l'Union. Chacun garde ses troupes, mais elles peuvent être mises à la disposition des alliés.*

Pour la sûreté de l'union, le Tsar fera bien fortifier toutes les frontières du côté des princes, qui ne seront point de l'union, elle y entretiendra des garnisons considérables, composées de troupes de souverains unis.

Si un des voisins armait plus qu'à l'ordinaire, l'union armera de ce côté-là, à proportion, et aura un tiers plus de troupes que ce voisin ; et de peur que les troupes des souverains voisins ne puissent s'aguerrir plus que les troupes de l'union, si ces princes se font la guerre, l'union leur offrira sa médiation, son arbitrage et sa garantie, tant pour les démêlés présents, et se déclarera pour celui qui acceptera.

On conviendra que pour être averti de tout armement nouveau, il y aura des ambassadeurs et des résidents des uns chez les autres.

L'Empereur des Turcs tiendra la même conduite à l'égard des frontières qu'il a communes avec les princes, qui ne seront point entrés dans l'union.

Charles-Irénée Castel de Saint-Pierre,
Projet pour rendre la paix perpétuelle en Europe (1713).

Pour lire le texte original en ligne (édition de 1713, tome I) :
http://gallica.bnf.fr/ark:/12148/bpt6k86492n?rk=21459;2

Pour lire le texte original en ligne (édition de 1713, tome II) :
http://gallica.bnf.fr/ark:/12148/bpt6k864930?rk=42918;4

34. L'Europe coloniale

Marie Leprince de Beaumont (1711–1780[i] ?), éducatrice, journaliste, romancière et pédagogue, conçoit dans ses dialogues éducatifs comme le Magasin des enfants *(1756) et le* Magasin des adolescentes *(1760) un enseignement vaste destiné aux filles. Son programme comprend l'étude de la religion comme des leçons de biologie, de physique, d'histoire, de droit, de philosophie et ainsi de suite. Dans cette leçon de géographie consacrée à l'Amérique, la gouvernante, Mademoiselle Bonne, qui s'adresse à de jeunes élèves, dénonce, implicitement, le colonialisme européen et défend la relativité culturelle.*

Miss Sophie

Ma Bonne, j'ai entendu dire qu'il y a des peuples qui tuent leurs pères quand ils sont vieux, et qui les mangent ensuite, cela est-il vrai ?

Mademoiselle Bonne

Les Iroquois, peuples qui habitent dans l'Amérique septentrionale, le faisaient autrefois, mais à présent ils ne le font plus. N'allez pas croire, mes enfants, qu'ils fissent cela par méchanceté. Tout au contraire, quand les Européens vinrent dans leur pays, et qu'ils surent que chez nous on laissait vivre les vieilles gens, et qu'on les enterrait ensuite, ils nous trouvèrent fort cruels. Quelle barbarie, disaient-ils, de laisser souffrir des personnes qui nous ont donné la vie, et de les jeter ensuite dans un trou pour être mangés des vers. Nous avons bien plus d'amour pour nos parents, ajoutaient-ils ; nous leur épargnons les incommodités dans une grande vieillesse, et nous leur donnons notre estomac pour tombeau. En mangeant la chair de nos pères, nous nous rendons présentes les

---

i   https://commons.wikimedia.org/wiki/File:Jeanne-Marie_Leprince_de_Beaumont.jpg

belles actions, et nous faisons passer leur courage en nous, et en nos petits-enfants.

Marie Leprince de Beaumont,
Magasin des adolescentes ou Dialogues entre une sage gouvernante, et plusieurs de ses élèves de la première distinction[ii] (1760).

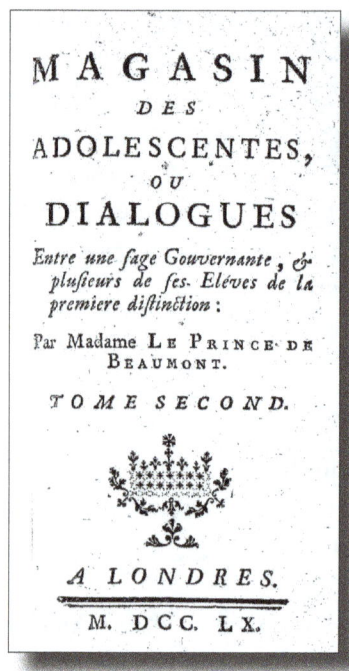

Pour lire le texte original en ligne (édition de 1760) :
http://gallica.bnf.fr/ark:/12148/bpt6k5773041g

 Pour écouter le livre audio :
http://gallica.bnf.fr/ark:/12148/bpt6k5773041g/f2.vocal

---

ii   http://gallica.bnf.fr/ark:/12148/bpt6k5773041g

35. Une autre voie pour l'éducation ?

Louis-Jules Barbon Mancini-Mazarini, duc de Nivernais (1716–1798[i]), poète à ses heures, a laissé de nombreuses fables. Dans l'une d'entre elles, il imagine un échange entre un « Sauvage » et un Européen. Il évoque une forme de maltraitance physique, vue par les yeux de l'Occidental, mais aussi des traumatismes intérieurs mis en évidence par l'homme primitif, détenteur d'une forme de sagesse qui échappe à son interlocuteur.

Les Têtes mal traitées

Un sauvage pétrissait,
Amincait[ii], rétrécissait
La tête d'un enfant, pour lui donner la forme
Que la peuplade chérissait[iii].
Un Européen qui passait
Trouva la barbarie énorme ;
Et reprenant l'Américain,
Lui reprocha de faire injure
Aux sages lois de la nature
En gâtant le visage humain.
La forme du dehors peut en être blessée ;
J'en conviens, reprit le Huron :
Mais nous laissons s'étendre la raison,
Nous ne gênons point la pensée.
Or on m'a dit qu'en votre continent
On rétrécit le jugement

---

i   https://commons.wikimedia.org/wiki/File:Ardell_(d'après_Ramsay)_-_Louis_Jules_Barbon_Mazarini_Mancini.jpg
ii   Il faut comprendre *amincissait*.
iii   Voyez tous les voyageurs en Amérique. [NdA]

Comme chez nous on rétrécit le crâne.
Lequel, à parler franchement,
Mérite mieux qu'on le condamne.

Louis-Jules Barbon Mancini-Mazarini, duc de Nivernais,
Fables de Mancini-Nivernois (1796).

Anonyme (peut-être Jean de Brébeuf), Carte du comté de Huron (1631–1651)[iv].

Pour lire le texte original en ligne (édition de 1796) :
https://archive.org/details/fablesdemancinin02nive

---

iv https://commons.wikimedia.org/wiki/File:Map_of_Huron_Country,_1631–51_
WDL9557.png

36. L'importance du commerce

Comme l'abbé de Saint Pierre ou Montesquieu, Louis-Antoine Caraccioli souligne, dans son ouvrage Paris, le modèle des nations étrangères ou l'Europe française *(1777), l'importance du commerce pour l'entente entre les peuples. L'essor des échanges entraîne, dans la deuxième moitié du XVIIIe siècle l'avènement d'une Europe transculturelle sous l'égide de la France.*

Du Commerce

Le commerce étant le lien des nations, il n'est point surprenant qu'il ait beaucoup contribué à rendre l'Europe française. Les Hollandais et les Anglais, furent certainement les deux peuples qui lui donnèrent plus de consistance et plus d'étendue ; mais les Français le rendirent plus actif. On sait qu'ils aimèrent toujours le mouvement.

Je les vois sur toutes les mers, tantôt se quereller avec les destins, tantôt avec les éléments, à dessein d'amasser du bien ; moins pour s'enrichir, à la vérité, que pour briller. Leur langage insinuant, leur air élégant, leur servent de passeport pour arriver au cœur de ceux qu'ils veulent gagner. Ils ont plus tôt subjugué les étrangers, qu'un Anglais n'a parlé. Les femmes surtout ne peuvent leur refuser leur amitié ; et voilà pourquoi ils se marient si facilement dans des pays lointains, pourquoi ils n'y sont jamais embarrassés.

On trouve que leurs manières sont aisées, et que le commerce maritime, qui donne ordinairement aux mœurs beaucoup d'âpreté, ne les rend ni grossiers, ni sauvages : soit effectivement la température de l'air, soit le caractère de la nation, quiconque naquit et France, et y fut élevé, est rarement brutal. On y rencontre des hommes pétulants, mais jamais farouches.

Ainsi par le moyen du commerce même, les Français adoucirent l'Europe. Habiles à s'insinuer, ils se font des prosélytes, dans le temps qu'ils ne s'occupent extérieurement que d'affaires de négoce.

[...] Je ne parle ici que de la seconde classe des négociants ; car il est des commerçants dans toutes les villes considérables, telles que Nantes, Rouen, Lyon, Marseille, Bordeaux, enfin Paris, qui ont des vues perçantes, des connaissances étendues, qui caressent enfin les muses, et qui leur serviraient de secrétaires, si leur correspondance valait celle de Plutus.

Rien ne répand l'homme dans toutes les régions du monde, comme le commerce. De son cabinet, le négociant s'entretient avec tous les peuples de l'univers, donnant ordre à ses lettres, d'aller tantôt en Asie, tantôt en Amérique, manifester ses volontés ; comme les feuilles de la Sibylle, dont parle Virgile, il me semble les voir se répandre de toutes parts, et suivre l'impétuosité des vents et des flots.

C'est par la voie du commerçant que l'or circule, que l'agréable se trouve joint à l'utile, que le monde s'enrichit, et que la France fit connaître dans tous les pays ses modes, ses gentillesses, son industrie.

Combien ceux qui dirigent les manufactures n'ont-ils pas contribué à l'heureux changement qui fait le sujet de cet ouvrage. Ils ont attiré l'attention des étrangers par la beauté de leur travail. Il n'y a pas de cour en Europe où les étoffes françaises ne soient à la mode. Elles flattent la vanité des grands, la frivolité des femmes ; elles brillent dans les jours de gala. Une robe qui n'a pas été fabriquée à Lyon, un diamant qui n'a pas été monté à Paris, un éventail qui n'y est pas né, sont des objets insipides pour l'étranger. Il ne s'épanouit que lorsqu'il s'aperçoit quelque échantillon du génie Français.

Travaillez donc ingénieux Lyonnais, élégants Parisiens ; tout ce que vous ferez sera exalté comme un chef-d'œuvre, tant on a de confiance dans vos talents. Il est vrai que la plus légère bagatelle qui sort de vos mains, porte l'empreinte de la délicatesse et du goût. Aussi votre nom vole-t-il au-delà des Alpes et des Pyrénées, et l'on connaît jusqu'au fond de la Russie, et l'Empereur, et Germain, et du Lac[i], etc. etc.

Louis-Antoine Caraccioli,
Paris, le modèle des nations étrangères ou l'Europe française (1777).

Pour lire le texte original en ligne (édition de 1777) :
http://gallica.bnf.fr/ark:/12148/bpt6k1156961

 Pour écouter le livre audio :
http://gallica.bnf.fr/ark:/12148/bpt6k1156961/f3.vocal

---

i   Les Germain sont une dynastie d'orfèvres, les Dulac des marchands merciers à Paris.

37. Diversité et unité de l'Europe

Johann Gottfried Herder (1744–1803[i]), poète, philosophe et traducteur allemand, développe sa philosophie de l'histoire dans son traité philosophique Ideen zur Philosophie der Geschichte der Menschheit (1784–1791), *(Idées sur la philosophie de l'histoire de l'humanité). Ici il met en évidence l'idée de la diversité de l'Europe qui fait en même temps sa force. Le philosophe se montre également conscient de l'eurocentrisme et défend l'idée de la relativité culturelle.*

Pourquoi l'Europe se distingue-t-elle par la variété de ses nations, de ses coutumes, de ses arts, et plus encore par l'influence qu'elle a exercée sur toutes les parties du monde ? Je sais bien qu'il y a une combinaison de causes que nous ne pouvons tracer ici séparément ; mais il est physiquement incontestable que son territoire, coupé et brisé dans ses formes, a été une des causes accidentelles qui y a contribué. À mesure que les peuples d'Asie s'avancèrent par des chemins et en des temps différents, que de baies et de golfes, que de rivières dont le cours était varié, que de collines dont les chaînes se contrariaient l'une l'autre, se présentèrent à leurs regards ! Ils purent être réunis et vivre séparés ; ils purent agir les uns sur les autres, sans que la paix fût troublée. Ainsi, dans la variété de ses formes, cette partie du monde représenta en abrégé le lieu d'assemblée de tous les peuples de la terre. La Méditerranée seule a tant influé sur le caractère de toute l'Europe, que nous pouvons voir en elle le milieu par lequel se sont propagées toutes les civilisations depuis l'antiquité jusqu'au moyen âge. Bien loin après elle, vient la mer Baltique, qui, s'étendant beaucoup plus au Nord, entre des nations grossières et des terres stériles, est comme un défilé où se presse le commerce du monde : c'est elle qui donne la vie à tout le nord de l'Europe ; sans elle, plusieurs des terres adjacentes seraient barbares, glacées et inhabitables. Les mêmes effets sont produits par l'échancrure du sol entre l'Espagne et la France, par le canal qui sépare la France et

i   https://commons.wikimedia.org/wiki/File:Johann_Gottfried_Herder_2.jpg

l'Angleterre, et par la configuration de la Grande-Bretagne, de l'Italie et de l'Ancienne Grèce. Changez la forme de ces contrées, prolongez ici un détroit, là faites circuler un canal ; les progrès et la dévastation du monde, le destin de tous les pays suivront pendant des siècles un cours entièrement différent. […]

Je ne continuerai pas à errer plus longtemps à travers l'Europe ; tant de formes, tant de mélanges s'y rencontrent ; elle a modifié de tant de manières sa nature par l'art et la culture, que je ne sais où puiser quelques remarques générales sur les nations bien organisées qui se sont mêlées et confondues sur son sol. […]

Johann Gottfried Herder,
Idées sur la philosophie de l'histoire de l'humanité (1784–1791).

Pour lire le texte original en ligne (édition de 1828) :
http://gallica.bnf.fr/ark:/12148/bpt6k68507x

Pour écouter le livre audio :
http://gallica.bnf.fr/ark:/12148/bpt6k68507x/f8.vocal

Pour lire le texte original en ligne (édition allemande de 1786) :
https://books.google.co.uk/books?id=GegOAAAAQAAJ
&printsec=frontcover

38. Critique des mœurs européennes

Dans son roman épistolaire Lettres d'une Péruvienne, *publié en 1747 et révisé en 1752, Françoise de Graffigny (1695–1758[i]) formule, en s'inspirant du fonctionnement des Lettres persanes (1721) de Montesquieu, une critique de l'Europe civilisée et plus particulièrement des mœurs françaises. Les lettres de son héroïne, Zilia, doublement étrangère dans cette société européenne du XVIIIe siècle, en tant que femme et en tant que Péruvienne, dénoncent l'inégalité des conditions dans l'Europe de l'Ancien Régime.*

Lettre 20 [extrait]

Jusqu'ici mon cher Aza, tout occupée des peines de mon cœur, je ne t'ai point parlé de celles de mon esprit ; cependant elles ne sont guère moins cruelles. J'en éprouve une d'un genre inconnu parmi nous, causée par les usages généraux de cette Nation [la France], si différents des nôtres, qu'à moins de t'en donner quelques idées, tu ne pourrais compatir à mon inquiétude.

Le gouvernement de cet empire, entièrement opposé à celui du tien, ne peut manquer d'être défectueux. Au lieu que le Capa-Inca[ii] est obligé de pourvoir à la subsistance de ses peuples, en Europe les Souverains ne tirent la leur que des travaux de leurs sujets ; aussi les crimes et les malheurs viennent-ils presque tous des besoins mal satisfaits.

Le malheur des nobles en général naît des difficultés qu'ils trouvent à concilier leur magnificence apparente avec leur misère réelle.

Le commun des hommes ne soutient son état que par ce qu'on appelle commerce, ou industrie ; la mauvaise foi est le moindre des crimes qui en résultent.

---

i   https://commons.wikimedia.org/wiki/File:Françoise_d'Happencourt_de_
     Graffigny.png
ii   Le souverain des Incas.

Une partie du peuple est obligée, pour vivre, de s'en rapporter aux autres ; les effets en sont si bornés, qu'à peine ces malheureux ont-ils suffisamment de quoi s'empêcher de mourir.

Françoise de Graffigny, *Lettres d'une Péruvienne* (1747–1752).

Frontispice du *Lettres d'une Peruvienne. Nouvelle edition Augmentée de plusieurs lettres* (1752), dessin d'Eisen, gravé par Lafosse[iii].

Pour lire le texte original en ligne (édition de 1777) :
http://gallica.bnf.fr/ark:/12148/bpt6k62721455

Pour écouter le livre audio :
http://gallica.bnf.fr/ark:/12148/bpt6k62721455/f4.vocal

---

iii https://commons.wikimedia.org/wiki/File:Lettre_d´une_peruvienne_-_
Skoklosters_slott_-_86192.tif

39. La civilisation européenne

David Hume (1711–1776[i]), philosophe et historien écossais, compte parmi les représentants de l'empirisme et du sensualisme. Dans ses Political discourses *(1752), traduits en français en 1754, il décrit certaines caractéristiques de la culture européenne dont la sociabilité, qui constitue, pour lui, le signe d'une civilisation développée.*

Du luxe

Plus les arts polis approchent de leur perfection, plus les hommes deviennent sociables, et il n'est pas possible que lorsqu'ils sont enrichis par les sciences et qu'ils ont acquis un fonds de conversation, ils se contentent de demeurer dans la solitude, ou de vivre avec les habitants du même lieu, comme font les nations ignorantes et barbares. Ils se rassemblent dans les villes ; ils aiment à recevoir ou à communiquer les connaissances, à montrer leur esprit, ou leur politesse, leur goût dans la conversation ou dans la manière de vivre, dans les habillements ou dans les équipages. [...]

Il se forme de toutes parts des sociétés particulières : le commerce aisé des deux sexes adoucit et polit les mœurs ; de manière qu'outre les avantages que les hommes retirent des sciences et des arts libéraux, il est impossible qu'ils n'éprouvent une augmentation d'humanité, de l'habitude même de converser ensemble, et de contribuer aux amusements et aux plaisirs les uns des autres. Ainsi l'industrie, la connaissance et l'humanité sont liées ensemble par une chaîne indissoluble ; et c'est principalement dans les siècles de luxe et de politesse qu'on les trouve, comme l'expérience, aussi bien que la raison, le démontrent. [...]

Les limites de tous les Royaumes de l'Europe sont à peu près les mêmes qu'elles étaient il y a deux cents ans : mais quelle différence

---

i   https://commons.wikimedia.org/wiki/File:David_Hume.jpg

se trouve à présent dans la puissance et la grandeur de ces Royaumes, qu'on ne peut attribuer qu'à l'augmentation qui est arrivée dans les arts et dans l'industrie !

David Hume, *Discours politiques* (1752).

Pour lire le texte original en ligne (édition de 1754) :
http://gallica.bnf.fr/ark:/12148/bpt6k111321p

 **Pour écouter le livre audio :**
http://gallica.bnf.fr/ark:/12148/bpt6k111321p/f3.vocal

Pour lire le texte original en ligne (édition anglaise de 1752) :
https://books.google.co.uk/books?id=m0gVAAAAQAAJ
&printsec=frontcover

40. Le progrès de la justice en Europe

Ludovico Antonio Muratori (1672–1750), historiographe et philosophe italien, publie en 1748 son traité Della pubblica felicità[i]*, qui sera traduit en français l'année suivante sous le titre* Traité sur le bonheur public. *Dans son ouvrage, Muratori propose des réformes politiques modérées et tente de concilier les Lumières et le catholicisme. Ici il vante le haut degré de l'évolution en matière de justice qui règne en Europe.*

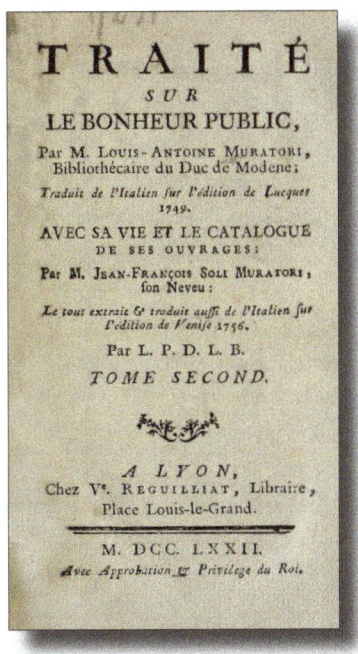

On est si prévenu en faveur de la manière de vivre, de penser, de gouverner, dans laquelle on a été élevé, qu'on ne croit pas pouvoir transmettre rien de meilleur à ses descendants ; de sorte que les uns ne goûtent point du tout que l'on prenne connaissance des maux publics, auxquels il serait néanmoins si important de remédier, et que les autres ne souffrent pas qu'on s'instruise de ce qu'il y aurait de

---

i   https://archive.org/details/traitsurlebonh02mura

mieux à faire, malgré tout l'avantage qui en résulterait si on venait à l'adopter. Je ne vois à cela d'autre ressource en ces derniers temps, que le monde est plus policé que jamais dans la plus grande partie de l'Europe, et que Dieu nous a donné de bons Princes, qui n'ont que de bonnes intentions […].

Ce qui est vrai, c'est qu'on peut dire, régulièrement parlant, qu'il n'est point de pays policé de l'Europe où ne règne la justice, parce qu'il n'en est aucun où il n'y ait des juges et des magistrats établis pour l'exercer, et qu'il n'est dans toute l'Europe aucun Prince qui ne désire que ses ministres la rendent fidèlement.

Louis-Antoine Muratori, *Traité sur le bonheur public* (1749).

Pour lire le texte original en ligne (édition de 1772) :
http://gallica.bnf.fr/ark:/12148/bpt6k97526099

 **Pour écouter le livre audio :**
http://gallica.bnf.fr/ark:/12148/bpt6k97526099.vocal

Pour lire le texte original en ligne (édition italienne de 1749) :
https://archive.org/details/bub_gb_3SRnd5k3HHsC

41. Rapprochement des Européens

Louis-Antoine Caraccioli, dans la conclusion de son ouvrage Paris, le
modèle des nations étrangères ou l'Europe française *(1777) constate un
rapprochement bénéfique des peuples européens au XVIIIᵉ siècle. Il l'attribue
au commerce plus fréquent entre les différentes nations. Ainsi, les idées des
Lumières, telle la tolérance, circulent plus largement. Il constate avec une
certaine satisfaction la suprématie du goût français qui semble s'imposer
partout en Europe.*

Oh ! Je respire. L'Europe est donc maintenant le plus agréable séjour
de l'univers. Je n'y vois plus ces ronces, ces landes, ces marais, ces
précipices qui blessaient la vue, qui désespéraient le voyageur. La plus
riche campagne, le plus riant parterre, la plus belle perspective, les plus
belles routes. Voilà ce que j'aperçois, et c'est la France qui a contribué
plus qu'aucun autre pays, à cette heureuse métamorphose.

Et qu'a-t-on employé pour un pareil succès ? De grands et de petits
moyens, comme je l'ai observé. Des ressources faibles en apparence,
sont souvent du plus grand secours.

Rien de plus avantageux que d'avoir franchi, par le moyen des
chemins publics et des postes, l'intervalle immense qui séparait les
Européens les uns des autres. Il semble qu'il n'y ait plus de distance entre
eux. Paris touche Pétersbourg, Rome Constantinople, et ce n'est plus
qu'une seule et même famille qui habite différentes régions. J'appelle
la Pologne, la Suède, le Danemark, je les prie de me donner la main, et
déjà nous nous saluons, nous nous embrassons, nous fraternisons. C'est
le même esprit qui nous vivifie, la même âme qui nous anime.

Je ne rencontre plus ce fanatisme qui prenait le langage de la religion
pour soulever peuple contre peuple, et pour éterniser des disputes et
des dissensions ; je n'entends plus ces cris de guerre qui excitaient la
vengeance et la haine ; si l'on se tue encore, c'est du moins sans animosité.

La manière d'étudier est presqu'uniforme. Les écoles espagnoles
ressemblent aux écoles allemandes. On y forme les mêmes disciples, on

y apprend également à discerner le faux et le vrai, à ne regarder que comme opinion, ce qui n'est pas de foi. La superstition se cache, et la religion se montre ; elle qui ne craint que d'être ignorée.

Si j'examine la société ; je la trouve la même chez tous les Européens, à quelques nuances près. La douceur en fait la base ; l'aménité, le vernis. On joue les mêmes jeux, on tient les mêmes propos, on a les mêmes idées, les mêmes sentiments. Les femmes sont instruites à Naples comme à Paris, à Londres comme à Madrid ; et elles font l'agrément des sociétés.

Le bel-esprit qui joue sur le mot, commence à n'être plus écouté. Il n'y a que l'Italien qui conserve ses *concetti*, et qui les gardera, parce qu'ils tiennent à sa langue pour laquelle il est justement passionné.

On recherche de toutes parts tout ouvrage qui porte l'empreinte de la délicatesse et du génie, et l'on désire universellement qu'il soit écrit en français ; c'est la seule langue qu'on aime à parler, et qui deviendrait unique, si la plupart des Européens étaient consultés.

Il n'y a plus de modes que celles qui sont françaises. L'Anglais a toute la peine du monde à soutenir les siennes, qu'il ne conserve que par vanité.

On s'habille à Vienne comme à Paris, et l'on se coiffe à Dresde comme à Lyon. La plupart des Européennes employaient autrefois toute la matinée à se rendre ridicules le reste du jour. C'était un mélange de gothique et de moderne, une bigarrure de couleurs disparates qui contrariaient l'âge ou la physionomie. Maintenant c'est le goût qui préside à toutes les toilettes ; et ce goût est celui de Paris. [...]

La politesse française n'a point trouvé de nation réfractaire quand elle s'est introduite chez les différents peuples. Il n'y a personne qui n'aime l'aisance et l'honnêteté.

L'Europe est donc maintenant un tableau dont toutes les parties sont admirablement liées ; l'œil y aperçoit un ensemble qui le flatte, une ordonnance qui le satisfait ; d'où je conclus qu'on ne peut résister aux charmes de la douceur et de l'insinuation, et que plus les années s'accumuleront, et plus l'aménité française dominera, cette aménité, qui donne de l'agrément aux choses les plus sérieuses, comme de l'intérêt aux plus petits riens.

Louis-Antoine Caraccioli,
Paris, le modèle des nations étrangères ou l'Europe française (1777).

Galerie des Modes, « Jeune Dame de Qualité en grande Robe coëffée avec un bonnet ou pouf élégant dit la victoire » (1778). Dessiné par Claude-Louis Desrais, gravé par Voysant[i].

Pour lire le texte original en ligne (édition de 1777) :
http://gallica.bnf.fr/ark:/12148/bpt6k1156961

 Pour écouter le livre audio :
http://gallica.bnf.fr/ark:/12148/bpt6k1156961/f3.vocal

---

i   https://commons.wikimedia.org/wiki/File:1778-jeune-dame-de-qualite-en-grande-robe.jpg

42. L'Italie et les origines de la culture européenne

Corinne, protagoniste du roman éponyme de Germaine de Staël (1766–1817[i]), personnifie le génie créateur au féminin. Les personnages fictifs permettent à l'auteure de dépeindre les caractères nationaux européens. Ici, le discours du Prince Castel-Forte en l'honneur de l'héroïne à l'occasion du couronnement de celle-ci au Capitole, évoque les origines italiennes de la civilisation moderne. Corinne devient ici un personnage quasi allégorique qui incarne le berceau de la culture européenne.

Je ne me flatte pas, dit en terminant le prince Castel-Forte, d'avoir pu peindre une personne dont il est impossible d'avoir l'idée quand on ne l'a pas entendue ; mais sa présence [de Corinne] est pour nous à Rome comme l'un des bienfaits de notre ciel brillant, de notre nature inspirée. Corinne est le lien de ses amis entre eux ; elle est le mouvement, l'intérêt de notre vie ; nous comptons sur sa bonté ; nous sommes fiers de son génie ; nous disons aux étrangers : — regardez-là, c'est l'image de notre belle Italie ; elle est ce que nous serions sans l'ignorance, l'envie, la discorde et l'indolence auxquelles notre sort nous a condamnés ; — nous nous plaisons à la contempler comme une admirable production de notre climat, de nos beaux-arts, comme un rejeton du passé, comme une prophétie de l'avenir ; et quand les étrangers insultent à ce pays d'où sont sorties les lumières qui ont éclairé l'Europe ; quand ils sont sans pitié pour nos torts qui naissent de nos malheurs, nous leur disons : — regardez Corinne.

Germaine de Staël, *Corinne ou l'Italie*[ii] (1807).

---

i   https://upload.wikimedia.org/wikipedia/commons/3/33/Madame_de_Staël_en_
      Corinne_1807.jpg
ii   https://www.archive.org/stream/corinneoulitalie01stauoft

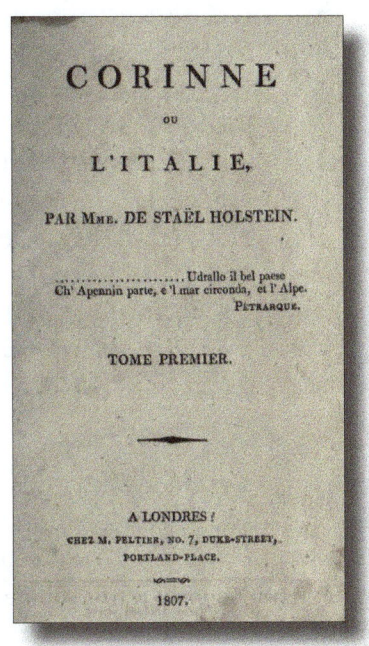

Pour lire le texte original en ligne (édition de 1807) :
https://www.archive.org/stream/corinneoulitalie01stauoft

43. L'Europe et la mode française

Entre 1750 et 1758, Anne-Marie Fiquet du Boccage (1710–1802[i]), écrivaine, traductrice et salonnière normande, effectue des voyages en Angleterre, en Hollande et en Italie. Elle publie ses lettres de voyage après son retour d'Italie. Il s'agit de l'un des rares documents du genre rédigés par une femme. Elle y livre une description des réseaux mondains européens et de leurs pratiques de sociabilité.

Leurs robes [des Anglaises] du matin relèvent mieux la beauté que leur habit à la française, destiné aux assemblées du soir, à la Cour et aux spectacles. Je ne sais pourquoi toute l'Europe a la bonté de prendre nos modes, dont on ne peut suivre la vicissitude, même dans nos provinces ; les étrangers les reçoivent encore plus tard, et jamais de la même façon qu'on les a portées à Paris. Chaque pays a sa langue, ses mœurs, ses idées, et devrait avoir sa manière de se vêtir, toujours plus convenable à la taille qu'une parure d'emprunt. Mais on trouve ici nombre de personnes, dont la magnificence, les manières et le mérite sont de tout pays, […].

À tout prendre, quoique le luxe soit grand chez les Anglais, ils sont encore à cent ans du nôtre, qu'ils imitent et qui perd toute l'Europe. […]

Marie-Anne du Boccage,
Lettres sur l'Angleterre, la Hollande et l'Italie (1771).

Pour lire le texte original en ligne (édition de 1770) :
http://gallica.bnf.fr/ark:/12148/bpt6k107281v

 Pour écouter le livre audio :
http://gallica.bnf.fr/ark:/12148/bpt6k107281v/f2.vocal

---

i   https://commons.wikimedia.org/wiki/File:Anne-Marie_Du_Boccage.jpg

44. L'Europe entre déclin et renouveau

Friedrich Schlegel (1772–1829[i]), homme de lettres, traducteur, critique littéraire et historien fut l'un des plus importants représentants du Romantisme allemand. Son rôle de médiateur entre les cultures française et allemande trouve son expression dans son Voyage en France *publié en 1803 dans le journal qu'il dirigea durant son séjour en France. Il y analyse les différences entre l'Allemagne et la grande nation voisine, ainsi que la situation de l'Europe à l'ère napoléonienne.*

Mais l'Europe est-elle vraiment un pauvre continent, défavorisé et négligé par la nature comme l'Amérique selon le jugement de certains philosophes et géographes ? Non, sûrement pas, et aucun historiographe et aucun physicien n'approuverait ce jugement.

Dans la déchéance totale même dans laquelle se trouve l'Europe, nous pouvons apercevoir les germes d'un destin plus élevé. […]

Ce qui fut grand et beau jadis, est tellement détruit que je ne sais pas dans quelle mesure on peut soutenir que l'Europe existe encore comme entité. Il n'existe plus que les résultats inévitables de cette tendance à la séparation. Elle peut être considérée comme aboutie car elle est arrivée au stade de l'anéantissement de l'Europe. Comme tout a été détruit, il y aurait alors au moins de la place pour quelque chose de nouveau. Ainsi on trouve le moyen de tout faire et nous ne pouvons pas manquer de courage pour construire un nouveau monde à partir des ruines. […]

Reprenons notre argumentation précédente et approfondissons-la un peu. Si les parties du monde que nous appelons l'Orient et le Nord représentent les pôles visibles du bien en ce même monde alors que tout le reste ne paraît être qu'un espace vide, de la matière brute et sans forme, voire même un obstacle à l'union, il faudrait alors unir ces deux pôles.

---

i   https://www.flickr.com/photos/ubleipzig/16420319784

Or, cela ne semble être possible que sur ce continent apparemment si peu favorisé ; et dans ce sens il faut sans doute dire : la véritable Europe est encore à naître.

Friedrich Schlegel, *Voyage en France*, 1803.

Estampe allégorique représentant le traité de Paris en 1763. Dessin de Monnet, gravé par Jean-Baptiste Tilliard. Au centre : les principaux pays sous la forme de déesses antiques. Texte : Paix rendue à l'Europe en mille sept cent soixante et trois et publiée à Paris le XXI juin même année[ii].

Pour lire le texte original en ligne (édition de 1803) :
http://www.ub.uni-bielefeld.de/diglib/aufkl/europa/europa.htm

---

ii   https://commons.wikimedia.org/wiki/File:Gravure_allégorique_sur_le_traite_de_paix_de_1763.jpg

45. Richesse linguistique de l'Europe

Dans son Projet pour rendre la paix perpétuelle en Europe, *Saint-Pierre évoque la question de la diversité linguistique de l'Europe et les problèmes qui en découlent. Il souligne l'importance culturelle des traductions et salue le rôle des interprètes.*

On m'a fait deux difficultés. La première, c'est qu'en Allemagne on ne parlait qu'une langue, au lieu qu'en Europe on en parle plusieurs. À cela je réponds que si les traités ne pouvaient se faire entre souverains, à moins qu'eux et leurs sujets ne parlassent la même langue, il ne s'en ferait jamais. Cependant il s'en fait tous les jours. D'où cela ? C'est que l'on ne traite que par députés, et il suffit que les députés des souverains sachent une langue commune aux députés avec qui ils ont à négocier. On négocie même souvent, et l'on traite avec le secours des interprètes, sans que les députés entendent la langue l'un de l'autre.

Charles-Irénée Castel de Saint-Pierre,
Projet pour rendre la paix perpétuelle en Europe (1713).

Pour lire le texte original en ligne (édition de 1713, tome I) :
http://gallica.bnf.fr/ark:/12148/bpt6k86492n?rk=21459;2

Pour lire le texte original en ligne (édition de 1713, tome II) :
http://gallica.bnf.fr/ark:/12148/bpt6k864930?rk=42918;4

46. Un avènement spirituel

L'écrivain romantique allemand, Novalis — de son vrai nom Georg Philipp Friedrich von Hardenberg — (1772–1801[i]) compose en 1799 un long fragment, resté inédit de son vivant, dans lequel il voit le triomphe du christianisme comme une issue aux guerres qui déchirent l'Europe.

Tournons-nous à présent vers le spectacle politique de notre temps. Le monde ancien et le monde nouveau sont en lutte l'un avec l'autre. Des phénomènes épouvantables ont mis en évidence les défauts et les insuffisances de l'organisation des États jusqu'à présent. Et si ici aussi, comme dans les branches de la connaissance, des contacts de plus en plus étroits et nombreux entre les États européens étaient le but historique premier de la guerre ? Et si un nouvel éveil d'une Europe jusqu'ici assoupie entrait en jeu ? Et si l'Europe s'éveillait et que nous nous retrouvions confrontés à un État des États, une théorie politique de la connaissance ! Est-ce que la hiérarchie, cette figure symétrique fondamentale des États pourrait être le principe d'unification des États, comme intuition intellectuelle du moi politique ? Il est impossible que des forces laïques trouvent l'équilibre ; seul un troisième élément, à la fois séculier et surplombant, peut résoudre ce problème. Entre les pouvoirs en lutte, aucune paix ne peut être établie. Toute paix est une simple illusion, une simple trêve. Du point de vue des cabinets ou de la conscience commune, aucune cohabitation n'est concevable. Les deux partis ont des exigences importantes et urgentes et doivent les formuler : ils sont mus par l'esprit du monde et de l'humanité. Ce sont tous deux des pouvoirs indestructibles dans le cœur de l'homme : d'un côté la révérence pour le passé, l'attachement à un système historique, la vénération des monuments des ancêtres et de l'ancienne et glorieuse dynastie, et la joie d'obéir ; de l'autre, la jouissance du sens de la liberté,

---

i   https://commons.wikimedia.org/wiki/File:Novalis-1.jpg

l'espoir sans limites de sphères d'activité considérables, le goût du nouveau et de la jeunesse, les relations familières avec tous les citoyens de l'État, le sentiment de de la fierté face à des valeurs humaines universelles, l'exercice de ses droits personnels et des biens de la collectivité, ainsi que la pleine conscience du droit de la citoyenneté. Qu'aucun des deux n'espère détruire l'autre. Aucune conquête ne prend sens ici car la capitale intérieure de tout royaume ne se trouve pas derrière des murailles et ne saurait être prise d'assaut.

Qui sait si la guerre a assez duré ? Mais elle ne finira jamais à moins que quelqu'un s'empare de la palme que peut seule tendre une puissance spirituelle. Le sang coulera à flots en Europe jusqu'à ce que les nations perçoivent la folie effrayante qui les fait tourner en rond jusqu'au moment où, arrêtés par une musique sacrée et apaisés, ils s'approchent des anciens autels dans une fusion colorée et entreprennent des œuvres de paix ; jusqu'à ce qu'un grand repas d'amour se célèbre comme festival de paix, parmi de chaudes larmes, sur les champs de bataille encore fumants. Seule la religion peut éveiller à nouveau l'Europe, rassurer ses peuples et installer visiblement le Christianisme sur terre avec une nouvelle splendeur dans son ancien office d'établissement de la paix.

Novalis, *La Chrétienté ou l'Europe* (1799).

Pour lire le texte original en ligne (édition de 1799) :
http://www.zeno.org/Literatur/M/Novalis/Essay/
Die+Christenheit+oder+Europa

47. Le café : endroit de sociabilité européen

Pour Louis-Antoine Caraccioli (Paris, le modèle des nations étrangères ou l'Europe française, 1777), le café paraît être devenu l'endroit de sociabilité par excellence dans toutes les grandes villes européennes du XVIIIᵉ siècle.

Des Cafés

Qui se serait imaginé il y a deux cents ans, qu'une petite fève venue d'Arabie, ferait éclore en Europe une multitude de boutiques aussi agréables que commodes, où les citoyens se rassembleraient, où les étrangers se donneraient rendez-vous, où par des jeux innocents on dissiperait le chagrin et l'ennui.

Rome, Paris, Londres, goûtent tous les jours le prix d'une telle institution. On voit à Venise, jusqu'aux femmes les plus distinguées, fréquenter les Cafés, et prouver par leur exemple, (qui pourrait être quelquefois suivi), combien un lieu décent, ouvert à tous les honnêtes gens, renferme d'agréments et d'avantages.

C'est aux Cafés qu'on doit une infinité de liaisons contractées par les voyageurs. Ils sont dans chaque ville un signe de ralliement ; et bien des personnes seraient embarrassées de leur temps, s'ils n'existaient pas.

Le Dictionnaire Encyclopédique[i] les qualifie de Manufactures d'esprit, tant bonnes que mauvaises, et il faut avouer qu'ils furent souvent des lieux d'escrime pour les auteurs. On se rappelle encore combien les Cafés qui dans Paris avoisinaient la Comédie Française, étaient fréquentés, lorsque certains écrivains à la mode, y tenaient école de politique, de littérature et de philosophie.

Il en existe encore de cette espèce, où l'étranger apprend à débiter des nouvelles, tant fausses que vraies, et à discerner les bonnes comédies des mauvaises, pourvu toutefois que la cabale ne s'en mêle pas.

---

i   L'*Encyclopédie*, coordonnée par Diderot et D'Alembert contient un bref article anonyme à l'entrée « Caffés [*sic*] » selon lequel : « ce sont des lieux à l'établissement desquels l'usage du café a donné lieu : on y prend toutes sortes de liqueurs. Ce sont aussi des manufactures d'esprit, tant bonnes que mauvaises. »

Les Cafés, d'ailleurs, étant le rendez-vous des jeunes gens qui suivent les modes de préférence, on est sûr d'y voir les nouvelles frisures, les nouvelles boucles, les nouvelles étoffes.

Il en est de même des Cafés chez les diverses nations. Le Français qui voyage, curieux de voir et d'être vu, ne manque pas de s'y présenter, et dans un clin-d'œil il instruit tous ceux qui s'y trouvent, de la manière de nouer une cravate, d'étager les cheveux, de boutonner un *frac*[ii]. On le dévore des yeux, tant il paraît leste et élégant, tandis qu'il se fait écouter de tous ceux qui l'environnent.

S'il ne sait pas la langue du pays, il parle la sienne. Chacun se dit à l'oreille, qu'il est réellement intéressant, et chacun se propose de l'imiter. Dès le jour même, des tailleurs sont appelés, afin de copier exactement la forme de son habit.

Les pères attachés à la vieille routine regardent cette démarche comme un attentat fait à leurs mœurs ; ils murmurent, ils entrent en fureur : mais leurs fils sont déjà vêtus selon la nouvelle mode, et c'est un torrent qu'on ne peut plus arrêter.

Ainsi mille fois dans les Cafés, tant à Munich, qu'à Berlin, tant à Liège, qu'à Rotterdam, on prit, à la seule inspection d'un Français, sa manière de se mettre, de se présenter, et d'exister.

Les Cafés étant la résidence ordinaire de plusieurs jeunes gens, c'est toujours par eux, comme ayant le talent singulier de saisir les nouveautés, que l'élégance des modes s'introduit. On se plaît à les voir arborer le pavillon de la variété.

Autrefois les Européens se tenaient claquemurés dans leurs maisons : maintenant ils se produisent, et ils aiment à converser. S'il existe encore certaines Nations fières, qui craignent de se compromettre en paraissant au Café, des princes mêmes ont dû leur apprendre, qu'on ne perd rien de sa grandeur, en s'y faisant voir. Plus d'une fois, en voyageant, ils y parurent *incognito*, quoique tout le monde les connût[iii]. Cela n'empêche pas qu'un Café ne soit un lieu pitoyable pour quiconque y passe ses jours à végéter ; et malheureusement il n'y a que trop d'oisifs qui suivent

---

ii   Le mot ne fait son entrée dans le *Dictionnaire de l'Académie française* que dans la sixième édition (1832–1835) : « Habit d'homme qui ne couvre par devant que la poitrine, et qui se termine par derrière en deux longues basques plus ou moins étroites. »

iii   Il faut comprendre *connaître* au sens de *reconnaître*.

ce train de vie. Ils s'y trouvent dès dix heures du matin, attendant avec impatience le moment de dîner[iv], et ils y rentrent sur les trois heures après midi, dans l'espoir d'y faire un leste souper.

Louis-Antoine Caraccioli,
Paris, le modèle des nations étrangères ou l'Europe française (1777).

Pour lire le texte original en ligne (édition de 1777) :
http://gallica.bnf.fr/ark:/12148/bpt6k1156961

 **Pour écouter le livre audio :**
http://gallica.bnf.fr/ark:/12148/bpt6k1156961/f3.vocal

---

iv   Le *dîner* désigne alors le repas du milieu de la journée.

48. Le bonheur en Europe

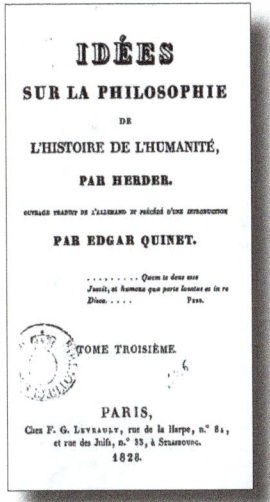

Dans son Idées sur la philosophie de l'histoire de l'humanité[i], *Johann Gottfried Herder s'interroge sur les enjeux et conséquences de l'eurocentrisme. Il met en garde contre une myopie qui ferait juger l'Europe supérieure par essence au reste du monde et estime que la mesure du bonheur ne doit pas être à sens unique.*

Une absurde vanité serait d'imaginer que tous les habitants du monde doivent être Européens pour être heureux ; et nous-mêmes, serions-nous devenus, hors de l'Europe, ce que nous sommes maintenant ? [...]

Ainsi, la différence qui existe entre les nations éclairées et non éclairées, cultivées et non cultivées, loin d'être absolue, ne consiste que dans le plus ou le moins. Cette portion du tableau des peuples est marquée d'une infinité d'ombres, qui changent avec le lieu et le temps ; et, comme dans tout autre tableau, l'effet dépend beaucoup du point de vue sous lequel on l'examine. Si nous prenons pour type l'idée de la civilisation européenne, nous ne la rencontrerons qu'en Europe ; et si nous établissons des distinctions arbitraires entre la culture sociale et les lumières de la pensée qui ne peuvent, là où elles sont réellement exister séparément, nous allons nous perdre plus avant encore dans les nuages. Mais si, nous bornant à la sphère terrestre, nous considérons en général l'ensemble que la nature, à qui la destination et le caractère de ses créatures doivent être bien connus, présente à nos regards dans le spectacle de l'éducation de l'humanité, nous ne trouvons partout que la tradition d'une éducation qui a pour but le bonheur et le perfectionnement de l'homme sous des formes variées. C'est un principe aussi étendu que l'espèce humaine toute entière [...].

---

i   http://gallica.bnf.fr/ark:/12148/bpt6k68507x

Rien n'est donc plus vain que la prétention d'un grand nombre d'Européens, qui marquent eux-mêmes leur place au-dessus de tous les peuples du monde, dans ce qu'ils appellent les arts, les sciences et la civilisation. [...]

Johann Gottfried Herder,
Idées sur la philosophie de l'histoire de l'humanité (1784–1791).

Pour lire le texte original en ligne (édition de 1828) :
http://gallica.bnf.fr/ark:/12148/bpt6k68507x

Pour écouter le livre audio :
http://gallica.bnf.fr/ark:/12148/bpt6k68507x/f8.vocal

Pour lire le texte original en ligne (édition allemande de 1786) :
https://books.google.co.uk/books?id=GegOAAAAQAAJ
&printsec=frontcover

49. Aux origines de l'unité européenne

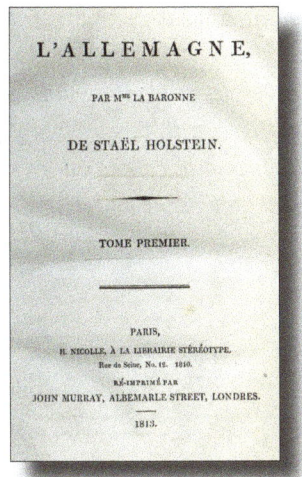

August Wilhelm Schlegel, cité par Germaine de Staël, de qui il était proche, dans son essai De l'Allemagne *(1813[i]), évoque le Moyen Âge comme une période d'unité et de progrès pour l'Europe entière.*

L'Europe était une dans ces grands siècles, et le sol de cette patrie universelle était fécond en généreuses pensées, qui peuvent servir de guide dans la vie et dans la mort. Une même chevalerie changeait les combattants en frères d'armes : c'était pour défendre une même foi qu'ils s'armaient ; un même amour inspirait tous les cœurs, et la poésie qui chantait cette alliance exprimait le même sentiment dans les langages divers.

Ah ! la noble énergie des âges anciens est perdue : notre siècle est l'inventeur d'une étroite sagesse, et ce que les hommes faibles ne sauraient concevoir n'est à leurs yeux qu'une chimère ; toutefois rien de divin ne peut réussir, entrepris avec un cœur profane. Hélas ! nos temps ne connaissent plus ni la foi, ni l'amour ; comment pourrait-il leur rester l'espérance ! »

Germaine de Staël, *De l'Allemagne* (1813).

Pour lire le texte original en ligne (édition de 1841) :
https://books.google.mu/books?id=pEZbAAAAQAAJ
&printsec=frontcover

---

i   https://commons.wikimedia.org/wiki/File:Germaine_de_Staël_-_De_l'Allemagne.jpg

50. La diversité européenne à travers le regard étranger

Sur le modèle des Lettres persanes *de Montesquieu, l'Espagnol José Cadalso (1741–1782[i]) imagine des visiteurs marocains en Espagne, rendant compte à leurs proches de ce qu'ils découvrent, et permettant ainsi aux lecteurs de découvrir à nouveaux frais leur quotidien en apprenant une forme de relativité culturelle.*

Lettre I

De Gazel à Ben-Beley

J'ai pu rester en Espagne après le retour de notre ambassadeur, tout comme je l'avais désiré depuis longtemps et que je te l'avais écrit maintes fois pendant son séjour à Madrid. Je m'étais proposé de rendre mon voyage utile, objectif souvent difficile à atteindre quand on fait partie de l'entourage des grands seigneurs, a fortiori s'ils sont d'Asie ou d'Afrique. Ceux-ci ne voient pour ainsi dire que la surface du pays qu'ils parcourent ; leur faste, l'absence de toute connaissance préalable des choses dignes d'être examinées, le nombre de leurs domestiques, l'ignorance des langues, la méfiance qu'ils doivent inspirer aux gens des pays qu'ils traversent et tant d'autres circonstances leur ôtent beaucoup de possibilités ouvertes à l'individu qui voyage avec moins d'éclat.

Je suis maintenant habillé comme ces Chrétiens, introduit dans beaucoup de leurs maisons, je maîtrise leur langue et suis devenu ami intime d'un Chrétien nommé Nuño Núñez, qui a connu maintes vicissitudes de fortune, carrières et leçons dans l'art de diriger sa vie. Il se tient maintenant à l'écart du monde et, selon ses mots, reste enfermé en lui-même. Les heures passées en sa compagnie sont pour moi un plaisir comme il s'efforce de m'instruire dans tous les domaines sur lesquels je l'interroge ; et il le fait avec une telle sincérité que des fois il me répond : « De cela, je ne sais rien », et d'autres fois : « De cela, je ne veux

---

i   https://commons.wikimedia.org/wiki/File:Josecadalso.jpg

rien savoir ». C'est dans cet esprit que je me propose d'examiner non seulement la cour, mais toutes les provinces de la Péninsule. J'étudierai les coutumes de ce peuple en distinguant celles que partagent les autres pays de l'Europe de celles qui lui sont particulières. J'essayerai de me défaire des nombreuses préventions que nous avons, nous Maures, contre les Chrétiens, et contre les Espagnols en particulier. Je noterai tout ce qui me surprendra pour en discuter avec Nuño et pour ensuite t'en faire part, ainsi que de son jugement là-dessus. […]

Lettre II

Du même au même

Je ne suis toujours pas en mesure de répondre aux instances renouvelées que tu me fais de te confier les observations que je vais faisant dans la capitale de cette vaste monarchie. Sais-tu combien de choses sont nécessaires pour se former une idée véritable du pays où l'on voyage ? Il est bien vrai qu'au prix de mes nombreux voyages à travers l'Europe, je suis plus à même d'y arriver que d'autres Africains, ou plus exactement j'y trouve moins d'obstacles ; nonobstant, j'ai constaté tant de différences entre les Européens que la connaissance d'un des pays de cette partie du monde est insuffisante pour juger des autres États qui la composent. Les Européens ne semblent pas être voisins ; leur cuisine, leurs théâtres, leurs boulevards, leurs armées et leurs objets de luxe ont beau être en apparence les mêmes, la législation, les vices, les vertus et le gouvernement sont cependant extrêmement différents et partant les coutumes particulières à chaque nation. […]

José Cadalso, *Lettres marocaines* (1789).

Pour lire le texte original en ligne (édition espagnole) :
https://es.wikisource.org/wiki/Cartas_marruecas

51. Navigation et échanges commerciaux

Dans son Histoire du règne de l'empereur Charles-Quint *(1769[i]), très lue dans toute l'Europe, William Robertson (1721–1793), figure importante des Lumières écossaises, retrace un large panorama des « progrès de la société en Europe, depuis la destruction de l'Empire Romain jusqu'au commencement du seizième Siècle ». Il insiste à plusieurs reprises sur les vertus de la coopération commerciale et culturelle.*

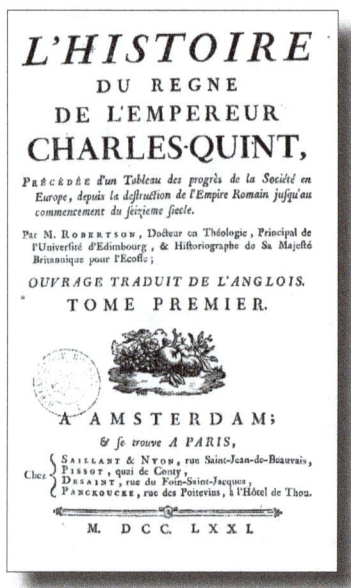

Le commerce, qui faisait chaque jour des progrès sensibles, concourut aussi à polir les mœurs des peuples d'Europe et à y introduire une bonne jurisprudence, une police régulière et des principes d'humanité. Dans la naissance et l'état primitifs de la société, les besoins des hommes sont en petit nombre et leurs désirs si limités qu'ils se contentent aisément des productions naturelles de leur climat et de leur sol, et de ce qu'ils peuvent y ajouter par leur simple et grossière industrie. Ils n'ont rien de superflu

---

i   http://gallica.bnf.fr/ark:/12148/bpt6k1161024

à donner, rien de nécessaire à demander. Chaque petite communauté subsiste du fonds qui lui appartient ; et satisfaite de ce qu'elle possède, ou elle ne connaît point les États qui l'environnent, ou elle est en querelle avec eux. Il faut, pour qu'il s'établisse une libre communication entre des peuples différents, que la société et les mœurs aient acquis un certain degré de perfection, et qu'il y ait déjà des règlements pour affermir l'ordre public et la sûreté personnelle. Nous voyons aussi que le premier effet de rétablissement des barbares dans l'Empire, fut de diviser les nations que la puissance romaine avait unies. L'Europe fut morcelée en plusieurs États distincts, et pendant plusieurs siècles, toute communication entre ces États divisés fut presque entièrement interrompue. Les pirates couvraient les mers et rendaient la navigation dangereuse, et en arrivant dans des Ports étrangers il y avait peu de secours et même de sûreté à attendre de la part de ces peuples féroces. Les habitants des parties éloignées du même royaume, ne pouvaient même que difficilement avoir quelque communication entre eux. Un voyage un peu long était une expédition périlleuse, dans laquelle on avait à craindre et la violence des bandits qui infestaient les chemins, et les exactions insolentes des nobles, presque aussi redoutables que les brigands. Ainsi la plupart des habitants de l'Europe, enchaînés par toutes ces circonstances réunies au lieu où le sort les avait fixés, ignoraient jusqu'aux noms, à la situation, au climat et aux productions des pays éloignés d'eux.

Différentes causes se réunirent pour ranimer l'esprit de commerce et pour rouvrir en partie la communication entre les nations diverses. Les Italiens, par leurs relations avec Constantinople et les autres villes de l'Empire Grec, avaient conservé quelque goût pour les arts et pour les précieuses productions de l'orient ; ils en communiquèrent la connaissance à d'autres peuples, voisins de l'Italie. Cependant il ne se faisait encore qu'un commerce médiocre, qui n'établissait entre les différents États que des liaisons très bornées.

Les croisades, en conduisant en Asie des armées nombreuses tirées de toutes les parties de l'Europe, ouvrirent entre l'orient et l'occident une communication plus étendue, qui subsista pendant plusieurs siècles, et quoique les conquêtes et non le commerce fussent l'objet de ces expéditions, quoique l'issue en eût *été* aussi malheureuse que le motif en avait été bizarre et déraisonnable, il en résulta cependant, comme on l'a déjà vu des effets très heureux et très durables pour le progrès du commerce. Tant que dura la manie des croisades, les grandes villes d'Italie et des autres pays de l'Europe acquirent la liberté, et avec elle des privilèges qui les rendirent autant de communautés indépendantes et respectables. Ainsi l'on vit se former dans chaque royaume un nouvel ordre de citoyens, qui se vouèrent au commerce et s'ouvrirent par-là une route aux honneurs et à la richesse.

Peu de temps après la fin de la guerre on découvrit la boussole, qui, en rendant la navigation plus assurée et en même temps plus audacieuse, facilita la communication entre les nations éloignées, et les rapprocha pour ainsi dire l'une de l'autre.

William Robertson,
Histoire du règne de l'empereur Charles-Quint, Précédée d'un Tableau des progrès de la Société en Europe, depuis la destruction de l'Empire Romain jusqu'au commencement du seizième Siècle (1769).

Pour lire le texte original en ligne (édition de 1771) :
http://gallica.bnf.fr/ark:/12148/bpt6k1161024

🔊 **Pour écouter le livre audio :**
http://gallica.bnf.fr/ark:/12148/bpt6k1161024/f5.vocal

Pour lire le texte original en ligne (édition anglaise de 1769) :
https://archive.org/details/historyreignemp27robegoog

52. L'Europe et sa longue histoire de migrations

Dans son traité intitulé Idées sur la philosophie de l'histoire de l'humanité *(1784–1791), Johann Gottfried Herder décrit l'histoire du continent comme un long processus modelé par les déplacements des peuplades.*

Frontispice de Johann Gottfried Herder, *Ideen zur Philosophie der Geschichte der Menschheit* (Riga, 1785)[i].

De toutes les circonstances, jointes aux longues migrations par terre, se forma dans cette partie du monde une tendance générale des peuples à s'unir, et si les Romains à leur insu l'avaient préparée par leurs conquêtes, elle ne pouvait au reste se développer que là. Nulle part les peuples n'ont été autant mélangés qu'en Europe ; nulle part ils n'ont si souvent, si brusquement changé de séjour, de coutumes et de mœurs. Laissant à part les familles et les individus, déjà dans beaucoup de contrées il serait assez difficile aux habitants de dire à quelle race, à quelle nation ils appartiennent ; s'ils sont Goths, Maures, Juifs, Carthaginois,

---

i   http://www.deutschestextarchiv.de/book/show/herder_geschichte02_1785

Romains ; s'ils descendent des Gaulois, des Cimbres[ii], des Bourguignons, des Francs, des Normands, des Saxons, des Slaves, des Finnois ou des Illyriens, et comment le sang de leurs ancêtres est arrivé jusqu'à eux. Dans la succession des siècles, cent causes font que le caractère natif de divers peuples de l'Europe s'est altéré par le mélange ; autrement, il eût été difficile que l'esprit général de l'Europe se développât jamais. […]

Johann Gottfried Herder,
Idées sur la philosophie de l'histoire de l'humanité (1784–1791).

Pour lire le texte original en ligne (édition de 1828) :
http://gallica.bnf.fr/ark:/12148/bpt6k68507x

Pour écouter le livre audio :
http://gallica.bnf.fr/ark:/12148/bpt6k68507x/f8.vocal

Pour lire le texte original en ligne (édition allemande de 1786) :
https://books.google.co.uk/books?id=GegOAAAAQAAJ
&printsec=frontcover

---

ii   Tribu germanique ou celte qui a combattu les Romains au second siècle après J.-C.

53. L'union dans la diversité

*La section III de l'*Histoire *de l'empereur Charles-Quint de Robertson[i], propose un « Tableau de la constitution des principaux États de l'Europe au commencement du XVIe siècle » qui débute par une invitation à célébrer nos différences tout en reconnaissant ce qui nous unit.*

Pendant que les institutions et les événements que nous venons de retracer distinguaient les peuples d'Europe du reste des sociétés humaines et les conduisaient tous par une même voie et d'un pas à peu près égal de la barbarie à la civilisation, d'autres circonstances venaient introduire dans leurs établissements politiques des tendances diverses et donner naissance aux différentes formes de gouvernement qui ont produit une si grande diversité dans le caractère et le génie des nations.

Extraits de l'Introduction à l'histoire de Charles-Quint, et précis des troubles civils de Castille, par William Robertson (1769), traduits par MM. Dufau et Guadet (1823).

Pour lire le texte original en ligne (édition de 1823) :
http://gallica.bnf.fr/ark:/12148/bpt6k6209798m

Pour écouter le livre audio :
http://gallica.bnf.fr/ark:/12148/bpt6k6209798m/f9.vocal

---

i   https://commons.wikimedia.org/wiki/File:William_Robertson_(historian).jpg

54. L'Europe, unité politique

*Une des manières de mettre en évidence l'unité de l'Europe, en dépit de tout
ce qui la sépare, est de souligner la manière dont elle réagit d'une seule voix
à des événements heureux ou tragiques — on pourrait songer à l'impact sur
les esprits du tremblement de terre de Lisbonne en 1755. Ici, en 1746, Diego
de Torres Villarroel imagine une Europe allégorique pleurant la mort du roi
Philippe V d'Espagne.*

Sonnet

Qu'est-ce ? Clio pleure échevelée,
  Triste, impatiente et inflexible
  Et son beau front rubicond
  Est de funestes cyprès couronné.
Europe la superbe, l'exaltée,
  La gaie, l'amoureuse et florissante,
  Autre Jérusalem, plus tristement
  Gît seule, déserte et désolée.
Qu'est-ce ? Triste l'air, le Soleil funeste,
  Et du Ciel la diaphane enceinte,
  Si prompte à s'assombrir, si vite pâle.
Quel trouble ? Quelle horreur ? Quel labyrinthe
  Surprend le monde ? Qu'est-ce ?
  Qu'advient-il ? Philippe Cinq est mort !

Diego de Torres Villarroel,
« Sonnet », *Divertissements de la Muse* (1751).

Pour lire le texte original en ligne (édition espagnole) :
http://www.cervantesvirtual.com/obra/sonetos--8/

55. À quoi ressemblent les Européens ?

Dans ses Lettres récréatives et morales *(1767) Louis-Antoine Caraccioli se livre à des observations sur les mœurs de son temps, sous forme épistolaire. Pour lui, « L'Europe ne s'accommode pas des hauteurs de l'orgueil. On y aime trop la vie libre pour estimer des contempteurs du genre humain. » Un de ses personnages caractérise entre autres le comportement des Européens en trouvant un animal idoine pour représenter les habitants des différentes nations.*

Minuit sonne et je quitte tout actuellement Mylord ****, avec qui j'ai soupé. Il vient de parcourir l'Europe qu'il a vue de sang-froid selon le caractère de sa nation. Il est cependant fort sémillant et pourrait passer pour un Français, si sa physionomie n'annonçait un étranger. Il prétend qu'à quelques nuances près, les mœurs de tous les Européens se ressemblent, […]

Il compare les Français aux écureuils, les Italiens aux renards, les Allemands aux chameaux, les Anglais aux léopards, les Espagnols aux éléphants.

Louis-Antoine Caraccioli,
Lettres récréatives et morales sur les mœurs du temps (1767).

Pour lire le texte original en ligne (édition de 1767) :
https://books.google.co.uk/books?id=rm0PAAAAQAAJ
&printsec=frontcover

56. Se vouloir cosmopolite

En 1785 paraît le Journal d'un tour des Hébrides avec Samuel Johnson, *rédigé par son ami l'Écossais James Boswell (1740–1795[i]) à partir de ses notes de voyage de l'été et de l'automne 1773. La préface contient cette déclaration d'un cosmopolite authentique qui avait parcouru nombre de nations européennes.*

Je suis, du moins je me flatte d'être, entièrement un citoyen du monde. Dans mes voyages à travers les Pays-Bas, l'Allemagne, la Suisse, l'Italie, la Corse et la France, je ne me suis jamais senti loin de chez moi, et j'ai un amour sincère pour *tout proche, toute langue, tout peuple et toute nation.*

James Boswell,
Vie de Johnson, incluant leur Tour dans les Hébrides (1785).

Pour lire le texte original en ligne (édition de 1876) :
https://books.google.co.uk/books?id=po8EAQAAIAAJ
&printsec=frontcover

---

i   https://commons.wikimedia.org/wiki/File:James_Boswell_by_Sir_Joshua_
     Reynolds.jpg

57. L'Europe à l'heure française

Relevé par Louis-Antoine Caraccioli, le succès des modes françaises dans toute l'Europe, que ce soit en matière d'habillement, d'ameublement ou de coiffure, a des conséquences sur l'identité des ressortissants d'autres nations, mais aussi sur la balance commerciale de la France.

Pourra-t-on nier qu'il n'y ait des Allemandes vraiment Parisiennes, et que le commerce ne soit un moyen efficace de rendre les Européens Français ?

Louis-Antoine Caraccioli,
Paris, le modèle des nations étrangères ou l'Europe française (1777).

Pour lire le texte original en ligne (édition de 1777) :
http://gallica.bnf.fr/ark:/12148/bpt6k1156961

🔊 **Pour écouter le livre audio :**
http://gallica.bnf.fr/ark:/12148/bpt6k1156961/f3.vocal

58. Équilibre des pouvoirs et paix future

En 1752, dans un essai sur l'équilibre européen (Of the Balance of Power[i]), destiné à devenir célèbre, le philosophe écossais David Hume évoque les guerres européennes passées et son souhait que les relations entre les différentes puissances évoluent de manière à garantir la paix, plutôt qu'à susciter des combats futurs.

Depuis plus d'un siècle l'Europe a été sur la défensive, contre la plus grande force qui peut-être ait jamais été formée par la combinaison civile ou politique du Genre humain ; et telle est l'influence de la maxime dont nous traitons ici, que quoique cette ambitieuse Nation ait été victorieuse dans quatre[ii] des cinq dernières guerres générales, et malheureuse seulement dans une[iii], les Français n'ont pas de beaucoup augmenté leurs domaines, et n'ont pas acquis un entier ascendant sur l'Europe ; au contraire, il nous y reste quelque espérance de leur résister encore assez longtemps pour que la révolution naturelle des choses humaines, et les événements imprévus puissent nous mettre à l'abri d'une Monarchie universelle et préserver le monde d'un si grand mal[iv].

Dans les trois dernières de ces guerres générales, l'Angleterre a été à la tête de cette glorieuse résistance, elle conserve encore son poste comme Gardienne des libertés générales de l'Europe et comme la Patronne du Genre humain. Outre l'avantage de ses richesses et de sa situation, ses Peuples sont animés d'un tel esprit national, et sont si pleinement convaincus du bonheur inestimable de leur Gouvernement, que l'on

---

i   http://gallica.bnf.fr/ark:/12148/bpt6k111321p

ii   Celles terminées par les Traités de Paix des Pyrénées, de Nimègue, de Ryswick et d'Aix-la-Chapelle. [NdA]

iii   Celle terminée par la Paix d'Utrecht. [NdA]

iv   À la fin du Discours VIII. sur le Crédit public, l'Auteur n'est pas si rassuré ; il prétend, au contraire, qu'il ne faut qu'être dans son bon sens, pour prophétiser cet événement, qu'il fait envisager comme n'étant pas fort éloigné. [NdT]

peut espérer que la vigueur qu'ils ont fait paraître dans la défense d'une cause si nécessaire et si juste, ne languira jamais ; au contraire, si nous en pouvons juger par le passé, il semble que leur ardeur a plutôt besoin d'être modérée : ils ont plus souvent erré par un excès louable que par une nonchalance répréhensible.

En premier lieu, nous paraissons plutôt avoir été animés par cette jalouse émulation des anciens Grecs, que conduits par les vues prudentes de la Politique moderne. Nos guerres avec la France ont commencé avec justice, peut-être même étaient-elles nécessaires ; mais elles ont toujours été poussées trop loin par obstination et par passion. La même paix qui fut après signée à Ryswick en 1697, avait été offerte dès l'année 1682. Celle conclue à Utrecht en 1712 aurait pu être finie à des conditions aussi avantageuses à Gertruydenberg en 1708, et nous aurions pu souscrire à Francfort en 1743 aux mêmes conditions que nous avons été bien aises d'accepter à Aix-la-Chapelle en 1748. Nous voyons par-là que plus de la moitié de nos guerres avec la France et toutes nos dettes publiques, sont plutôt l'effet de notre véhémence imprudente, que de l'ambition de nos voisins.

En second lieu, nous sommes connus pour être si opposés à la puissance de la France, et tellement ardents à la défense de nos Alliés, que ceux-ci comptent sur nos forces comme sur leurs propres, et que se flattant de pousser la guerre à nos dépens, ils refusent les propositions d'accommodement les plus raisonnables. *Habent subjectos, tanquam suos, viles ut alienos*[v]. Tout le monde sait qu'au commencement du dernier Parlement, le vote factieux de la Chambre des Communes, et les esprits échauffés de la Nation ont rendu la Reine d'Hongrie inflexible, et ont prévenu l'accord avec la Prusse qui aurait rétabli sur-le-champ la tranquillité de l'Europe.

En troisième lieu, nous épousons une querelle avec tant de bonne foi, que lorsque nous y sommes une fois engagés, nous perdons toute sensibilité, et pour nous-mêmes et pour notre postérité, et que nous ne nous occupons que des moyens de nuire à l'ennemi le plus qu'il nous est possible. Lorsqu'à un prix si cher nous avons engagé nos revenus dans

---

v   Allusion à un passage de Tacite. Othon, qui se soulève contre l'empereur Galba, se plaint que lui et ses partisans soient traités en esclaves, comme s'ils appartenaient à leur oppresseur, lequel les juge sans valeur, comme s'ils appartenaient à un tiers. [NdT]

des guerres où nous n'étions qu'auxiliaires, nous avons sûrement donné dans l'erreur la plus fatale qu'on ait jamais pu reprocher à une Nation qui a quelque prétention à la Politique et à la prudence. Ce remède de papiers sur les fonds publics, si c'est un remède et non pas plutôt un poison, doit du moins être réservé pour la dernière extrémité, et il n'y a que le plus grand malheur qui dût nous porter à recourir à un expédient si dangereux.

Les excès où nous sommes portés sont préjudiciables, et peuvent avec le temps le devenir encore davantage d'une autre manière, en engendrant comme il est d'ordinaire l'extrémité opposée, et en nous rendant totalement insensibles au destin de l'Europe. Les Athéniens après avoir été le Peuple le plus intrigant et le plus guerrier de la Grèce, trouvant qu'ils s'étaient trompés, en se mêlant de chaque querelle, abandonnèrent toute attention aux affaires étrangères, et ne prirent dans la suite aucune part dans les guerres qui survinrent, que par leurs complaisances et leurs flatteries pour le vainqueur.

D'énormes Monarchies telles que celle où l'Europe est peut-être à présent en danger de tomber, sont probablement destructives pour la Nature humaine[vi], dans leurs progrès, dans leur durée, et même dans leur chute, qui ne peut jamais être loin de leur établissement. Le génie militaire qui a agrandi la Monarchie, abandonne bientôt la Cour, la Capitale et le centre d'un pareil Gouvernement, tandis que les guerres se font à de grandes distances et intéressent une si petite partie de l'État. Les anciens Nobles qui sont attachés à leur Souverain, vivent à la Cour et n'accepteront pas des emplois militaires qui les forceraient d'habiter des frontières reculées et barbares, et qui les éloigneraient de leurs plaisirs et de leur fortune ; ainsi il faut que les armes de l'État soient confiées à des étrangers mercenaires, sans zèle, sans attachement, sans honneur, prêts à chaque occasion à les tourner contre le Prince, et à se joindre au premier mécontent qui leur offre la paye et le pillage. Voilà le progrès nécessaire des choses humaines ; ainsi la nature s'arrête elle-même dans ses vaines élévations.

Ainsi l'ambition travaille aveuglément pour la destruction du Conquérant, de sa famille, et de tout ce qui lui est cher. Les Bourbons

---

vi   Si l'Empire Romain a été de quelque avantage, cela n'a pu venir que de ce qu'avant son établissement, le Genre humain en général était dans un état de désordre et de barbarie.

se reposant sur la bravoure, la fidélité et l'affection de leur noblesse, voudront pousser leurs avantages sans retenue et sans bornes. Ces Nobles tandis qu'ils seront animés par la gloire et par l'émulation, pourront supporter les fatigues et les dangers de la guerre ; mais ne se soumettront jamais à languir dans des garnison d'Hongrie ou de Lituanie, oubliés à la Cour et sacrifiés aux intrigues d'une maîtresse ou des favoris du Prince. Les troupes seront remplies de Croates, de Tartares, de Hussards, de Cosaques, mêlés peut-être de quelques soldats de fortune des meilleures provinces. Enfin le triste sort de l'Empire Romain se renouvellera par les mêmes causes, jusqu'à la dissolution finale de la Monarchie.

David Hume,
« Of the Balance of Power », *Discours politiques* (1752).

Pour lire le texte original en ligne (édition de 1754) :
http://gallica.bnf.fr/ark:/12148/bpt6k111321p

🔊 **Pour écouter le livre audio :**
http://gallica.bnf.fr/ark:/12148/bpt6k111321p/f3.vocal

Pour lire le texte original en ligne (édition anglaise de 1752) :
https://books.google.co.uk/books?id=m0gVAAAAQAAJ
&printsec=frontcover

59. Une république des savants

Parmi les grandes affaires en termes scientifiques qui occupent les érudits des Lumières, il y a l'observation du transit de Vénus. En 1761 et 1769, les savants de différents pays ont étudié le phénomène, puis communiqué leurs conclusions et interrogations à d'autres membres de la communauté des académiciens et gens de lettres, comme le rappelle ici Cadalso (1741–1782) dans ses Lettres marocaines *posthumes.*

Les astronomes de tous les pays, ne se sont-ils pas assemblés pour observer le passage de Vénus devant le disque du soleil ? Les académies européennes, ne se communiquent-elles pas leurs observations astronomiques, leurs expériences physiques et leurs avances dans toutes les sciences ? Alors que chaque nation désigne quatre ou cinq de ses hommes les plus éclairés, les plus dénués de préjugés, les plus actifs et les plus laborieux, qu'ils travaillent dans les annales de leur patrie, qu'on réunisse ensuite les œuvres résultant du travail de ceux de chaque nation, et voilà qu'on aura une vraie histoire universelle.

José Cadalso, *Lettres marocaines* (1789).

Pour lire le texte original en ligne (édition espagnole) :
https://es.wikisource.org/wiki/Cartas_marruecas

60. L'Europe dépassée à l'avenir ?

Jean-Charles Simonde de Sismondi (1773–1842[i]) évoque les transmissions culturelles. Il salue le rôle de l'Espagne arabe dans la propagation de textes et d'idées à travers toute l'Europe. Si Athènes a perdu de sa superbe, Rome aussi, est-ce qu'à l'avenir une civilisation actuellement ignorée pourrait briller d'un éclat supérieur ?

Qui sait si, dans quelques siècles, cette même Europe, où le règne des lettres et des sciences est aujourd'hui transporté, qui brille d'un si grand éclat, qui juge si bien les temps passés, qui compare si bien le règne successif des littératures et des mœurs antiques, ne sera pas déserte et sauvage comme les collines de la Mauritanie, les sables de l'Égypte, et les vallées de l'Anatolie ? Qui sait si, dans un pays entièrement neuf, peut-être dans les hautes contrées d'où découlent l'Orénoque et le fleuve des Amazones, peut-être dans cette enceinte jusqu'à ce jour impénétrable des montagnes de la Nouvelle-Hollande[ii], il ne se formera pas des peuples avec d'autres mœurs, d'autres langues, d'autres pensées, d'autres religions ; des peuples qui renouvelleront encore une fois la race humaine, qui étudieront comme nous les temps passés, et qui, voyant avec étonnement que nous avons existé, que nous avons su ce qu'ils sauront, que nous avons cru comme eux à la durée et à la gloire, plaindront nos impuissants efforts, et rappelleront les noms des Newton, des Racine, des Tasse, comme exemples de cette vaine lutte de l'homme pour atteindre une immortalité de renommée que la destinée lui refuse ?

Jean-Charles Simonde de Sismondi,
De la littérature du Midi de l'Europe (1813).

Pour lire le texte original en ligne (édition de 1837) :
https://books.google.fr/books?id=LLnJzFIoWcoC
&&printsec=frontcover

---

i   https://commons.wikimedia.org/wiki/File:Jean_Charles_de_Sismondi.jpg
ii   Ancien nom de l'Australie.

61. L'union des philosophes

L'idéal d'une union au-delà des frontières, grâce aux communications entre les savants, mais aussi, plus largement, les êtres de bonne volonté, est mis en évidence par Germaine de Staël à la fin de la troisième partie de son important traité De l'Allemagne *(1813).*

Comment pourrait-on, sans la connaissance des langues, sans l'habitude de la lecture, communiquer avec ces hommes qui ne sont plus, et que nous sentons si bien nos amis, nos concitoyens, nos alliés ? Il faut être médiocre de cœur pour se refuser à de si nobles plaisirs. Ceux-là seulement qui remplissent leur vie de bonnes œuvres peuvent se passer de toute étude : l'ignorance, dans les hommes oisifs, prouve autant la sécheresse de l'âme que la légèreté de l'esprit.

Enfin, il reste encore une chose vraiment belle et morale, dont l'ignorance et la frivolité ne peuvent jouir : c'est l'association de tous les hommes qui pensent, d'un bout de l'Europe à l'autre. Souvent ils n'ont entre eux aucune relation ; ils sont dispersés souvent à de grandes distances l'un de l'autre ; mais quand ils se rencontrent, un mot suffit pour qu'ils se reconnaissent. Ce n'est pas telle religion, telle opinion, tel genre d'étude, c'est le culte de la vérité qui les réunit. Tantôt, comme les mineurs, ils creusent jusqu'au fond de la terre, pour pénétrer, au sein de l'éternelle nuit, les mystères du monde ténébreux ; tantôt ils étudient les langues de l'Orient, pour y chercher l'histoire primitive de l'homme ; tantôt ils vont à Jérusalem pour faire sortir des ruines saintes une étincelle qui ranime la religion et la poésie ; enfin, ils sont vraiment le peuple de Dieu, ces hommes qui ne désespèrent pas encore de la race humaine, et veulent lui conserver l'empire de la pensée.

Germaine de Staël, *De l'Allemagne* (1813).

Pour lire le texte original en ligne (édition de 1841) :
https://books.google.mu/books?id=pEZbAAAAQAAJ
&printsec=frontcover

62. Une idée neuve en Europe

Le 3 mars 1794 (13 ventôse An II selon le calendrier révolutionnaire), quelques mois avant de périr sur l'échafaud, le révolutionnaire Louis-Antoine-Léon de Saint-Just (1767–1794[i]) propose, du haut de ses vingt-six ans, que l'exemple français entraîne l'extension du bonheur au-delà des frontières.

On trompe les peuples de l'Europe sur ce qui se passe chez nous. On travestit vos discussions. On ne travestit point les lois fortes ; elles pénètrent tout à coup les pays étrangers comme l'éclair inextinguible. Que l'Europe apprenne que vous ne voulez plus un malheureux, ni un oppresseur sur le territoire français ; que cet exemple fructifie sur la terre ; qu'il y propage l'amour des vertus et le bonheur ! Le bonheur est une idée neuve en Europe.

Louis-Antoine-Léon de Saint-Just,
« Discours de 1794 », *Œuvres de Saint-Just* (1834).

Pour lire le texte original en ligne (édition de 1834) :
https://books.google.co.uk/books?id=ETsuAAAAMAAJ&print
sec=frontcover

---

i   https://commons.wikimedia.org/wiki/File:Saint_Just.jpg

63. Une vision humanitaire

*Selon Condorcet celui qui est véritablement un philosophe a un but essentiel :
améliorer le sort de tous les hommes, au-delà des différences de nationalité, de
religion ou de race. Un exemple réside dans leur engagement anti-esclavagiste.*

Les philosophes des diverses nations embrassant, dans leurs méditations,
les intérêts de l'humanité entière sans distinction de pays, de race ou
de secte, formaient, malgré la différence de leurs opinions spéculatives,
une phalange fortement unie contre toutes les erreurs, contre tous
les genres de tyrannie. Animés par le sentiment d'une philanthropie
universelle, ils combattaient l'injustice, lorsque, étrangère à leur patrie,
elle ne pouvait les atteindre ; ils la combattaient encore, lorsque c'était
leur patrie même qui s'en rendait coupable envers d'autres peuples ; ils
s'élevaient en Europe contre les crimes dont l'avidité souille les rivages
de l'Amérique, de l'Afrique ou de l'Asie. Les philosophes de l'Angleterre
et de la France s'honoraient de prendre le nom, de remplir les devoirs
d'amis de ces mêmes noirs, que leurs stupides tyrans dédaignaient
de compter au nombre des hommes. Les éloges des écrivains français
étaient le prix de la tolérance accordée en Russie et en Suède, tandis
que Beccaria réfutait en Italie les maximes barbares de la jurisprudence
française.

Marie-Jean-Antoine-Nicolas de Caritat, marquis de Condorcet,
Esquisse d'un tableau historique des progrès de l'esprit humain (1794).

Pour lire le texte original en ligne (édition de 1822) :
https://books.google.de/books?id=hRIPAAAAQAAJ
&printsec=frontcover

64. Atteindre l'équilibre des pouvoirs

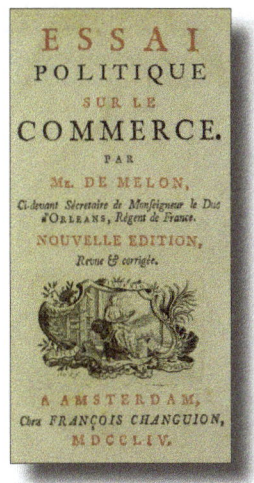

Né à Tulle, Jean-François Melon (1675–1738[i]) publie en 1734 un Essai Politique sur le Commerce *qui défend des pratiques mercantilistes et en fait l'un des précurseurs du mouvement physiocratique. Il met en évidence l'intérêt proprement économique de l'équilibre européen.*

Enfin l'esprit de paix a éclairé notre Europe. Tant qu'il règnera, une juste balance empêchera toujours qu'une Puissance ne s'élève, par ses conquêtes, assez pour se faire craindre ; et si quelques intérêts momentanés troublent cette heureuse harmonie, le Vainqueur n'aura plus à espérer d'étendre ses limites ; tout doit s'unir pour arrêter ses dangereux progrès : et une Nation ne peut plus s'agrandir, que par la sagesse de son Gouvernement intérieur.

Jean-François Melon, *Essai Politique sur le Commerce* (1734).

Pour lire le texte original en ligne (édition de 1735) :
https://books.google.co.uk/books?id=7phaAAAAcAAJ
&printsec=frontcover

---

i   https://commons.wikimedia.org/wiki/File:Melon_-_Essai_politique_sur_le_
commerce,_1754_-_5717500.tif

65. Vers une uniformisation culturelle ?

Rousseau, dans ses Considérations sur le Gouvernement de Pologne[i], *évoque, en 1771, la ressemblance qu'il discerne entre les ressortissants de différents pays.*

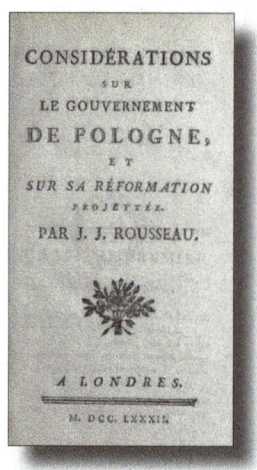

Il n'y a plus aujourd'hui de Français, d'Allemands, d'Espagnols, d'Anglais, quoi qu'on en dise ; il n'y a que des Européens. Tous ont les mêmes goûts, les mêmes passions, les mêmes mœurs, parce qu'aucun n'a reçu de forme nationale par une institution particulière.

Jean-Jacques Rousseau,
Considérations sur le Gouvernement de Pologne (1771).

Pour lire le texte original en ligne (édition de 1782) :
http://gallica.bnf.fr/ark:/12148/bpt6k9626109r

 **Pour écouter le livre audio :**
http://gallica.bnf.fr/ark:/12148/bpt6k9626109r/f7.vocal

---

i   http://gallica.bnf.fr/ark:/12148/bpt6k9626109r/f7.highres

66. L'Europe et l'Afrique

Les propos du correspondant fictif imaginé par Cadalso sont de nature à provoquer l'incompréhension chez nombre de ses compatriotes au moment où son livre paraît. Il énonce pourtant des vérités : dans des sociétés autres, comme celle du Maroc, une place importante est accordée, dans la pédagogie, à des aspects essentiels trop souvent négligés par les éducateurs de l'aristocratie européenne du temps.

Célèbre médaillon anti-esclavagiste dessiné par Josiah Wedgwood, vers 1787[i].

Lettre XLII

De Nuño à Ben-Beley

Par les nouvelles que Gazel m'a données de toi, je sais que tu es un homme de bien et que tu vis en Afrique, et par celles qu'il t'aura données lui-même de moi, tu sauras que je suis un homme de bien qui vit en Europe. Je ne pense pas qu'il y ait besoin de plus pour que nous ayons chacun une bonne idée de qui est l'autre. Nous nous tenons en

---

i   https://commons.wikimedia.org/wiki/File:Wedgwood_-_Anti-Slavery_Medallion_-_Walters_482597.jpg

grande estime sans nous connaître, de sorte que pour peu que nous nous fréquentions, nous deviendrions amis.

Le commerce avec ce jeune homme, et la certitude que c'est toi qui l'as élevé me poussent à abandonner l'Europe et à me rendre en Afrique, où tu résides. Je dois m'entretenir avec un savant africain, car je te jure que je suis las de tous ces savants européens, sauf du petit nombre de ceux qui vivent en Europe comme s'ils étaient en Afrique. Je voudrais que tu me dises quelle méthode tu as suivie et quel objet tu as poursuivi dans l'éducation de Gazel. J'ai trouvé son entendement peu cultivé, je dois le dire, mais il a le cœur enclin à la bonté ; et comme j'apprécie très peu l'érudition du monde pour tout ce qui est relatif à la vertu, je voudrais que viennent d'Afrique quelques douzaines de précepteurs comme toi pour se charger de l'éducation de nos jeunes gens, à la place des précepteurs européens, qui délaissent le cœur de leurs disciples pour remplir leurs têtes d'histoires de blason, de politesse française, de vanité espagnole, d'airs italiens et autres règles de cette perfection et importance ; choses sans doute très bonnes, car il est très coûteux de les enseigner, mais qui me semblent inférieures aux maximes dont j'observe la pratique chez Gazel.

José Cadalso, *Lettres marocaines* (1789).

Pour lire le texte original en ligne (édition espagnole) :
https://es.wikisource.org/wiki/Cartas_marruecas

67. L'accomplissement des buts de la Nature

Dans son Idée d'une histoire universelle au point de vue cosmopolitique *(1784), Emmanuel Kant avance une série de propositions qu'il voit comme susceptibles d'aider l'homme à comprendre sa destinée individuelle tout comme l'évolution du monde. Il s'interroge sur la notion de progrès et met en avant l'idée d'un « plan caché de la nature » susceptible d'être prise en compte si l'on souhaite arriver à une société des nations guidée par des règles morales.*

Huitième proposition : On peut considérer l'histoire de l'espèce humaine, dans l'ensemble, comme l'exécution d'un plan caché de la nature, pour réaliser, à l'intérieur, et dans ce but, aussi à l'extérieur, une constitution politique parfaite, car c'est la seule façon pour elle de pouvoir développer complètement en l'humanité toutes ses dispositions.

[...] Aujourd'hui, les États entretiennent déjà des relations mutuelles si élaborées qu'aucun ne peut laisser s'appauvrir sa culture intérieure sans perdre de sa puissance et de son influence par rapport aux autres. Par conséquent, même les intentions ambitieuses des États préservent, sinon le progrès, du moins le maintien de ce but de la Nature. Bien plus : de nos jours, on ne peut très probablement pas porter atteinte à la liberté civile sans porter par là préjudice à toutes les activités, et surtout au commerce, mais aussi, de cette façon, sans que l'affaiblissement de la puissance de l'État ne se sente dans les relations extérieures. Or, progressivement, cette liberté s'étend. Quand on empêche le citoyen de chercher son bien-être par tous les moyens à sa disposition, à condition que ceux-ci puissent coexister avec la liberté d'autrui, on entrave le dynamisme de l'activité générale et, du même coup, la force du tout. C'est pourquoi on supprime de plus en plus les restrictions qui limitent les faits et gestes des personnes, et la liberté générale de religion. Et ainsi, les *Lumières* se dégagent progressivement de l'emprise des illusions et des chimères, comme un bien incomparable que l'humanité doit arracher des visées égoïstes d'expansion de ses souverains, pour peu qu'ils comprennent leur propre intérêt. Mais ces Lumières, et avec elles aussi un certain intérêt du cœur que l'homme éclairé ne peut qu'éprouver pour le bien dont il a une intelligence parfaite, doivent peu à peu monter jusqu'aux trônes, et même exercer une influence sur les principes de gouvernement. Bien qu'à l'heure actuelle, par exemple, nos gouvernants n'aient guère d'argent pour financer les institutions publiques d'éducation et, en général, pour tout ce qui touche à l'amélioration du monde, parce que tout est déjà dépensé à l'avance pour une guerre éventuelle, ils comprendront cependant que c'est dans leur propre intérêt de ne pas contrarier les efforts, certes faibles et lents, que leurs peuples font dans ce domaine. Finalement, la guerre devient même peu à peu non seulement si technique, si incertaine dans son issue pour les deux camps, et aussi si problématique par les conséquences fâcheuses subies par l'État écrasé sous le fardeau d'une dette toujours croissante (une invention récente) dont le remboursement devient imprévisible, que, dans notre partie du monde où les États sont très interdépendants en termes économiques, tout ébranlement de l'un a une influence sur tous les autres, et cette influence est si évidente que ces États, pressés par le danger, se proposent, même en dehors de toute caution légale, comme arbitres et, ainsi préparent tous un futur grand corps politique, dont le monde passé n'offre aucun exemple. Bien que ce corps politique ne soit guère, pour l'instant, qu'à l'état d'ébauche très grossière, chacun de ses membres est néanmoins déjà comme animé par un sentiment qui tend à considérer comme important le maintien de l'ensemble ; et ceci donne l'espoir qu'après bien des révolutions dans les esprits puisse enfin s'établir ce que la Nature a comme intention suprême, un État cosmopolitique universel, matrice au sein duquel toutes les dispositions originaires de l'espèce humaine finiront par se développer.

Emmanuel Kant,
Idée d'une histoire universelle du point de vue cosmopolitique (1799).

Pour lire le texte original en ligne (édition de 1784) :
http://gutenberg.spiegel.de/buch/-3506/1

68. Gouverner l'Europe ?

Le comte de Las Cases, à Sainte-Hélène, retranscrit les propos et les pensées de l'Empereur déchu. Ses notes du 24 août 1816 mettent en évidence l'importance de certaines structures pour parvenir à l'union souhaitée par Napoléon.

Napoléon Ier dictant ses mémoires aux généraux Montholon et Gourgaud
en présence du grand-maréchal Bertrand et du comte de Las Cases[i].

Il passait ensuite en revue ce qu'il eût proposé pour la postérité, les intérêts, la jouissance et le bien-être de l'association européenne. Il eût voulu les mêmes principes, le même système partout ; un code européen, une cour de cassation européenne, redressant pour tous les erreurs, comme la nôtre redresse chez nous celles de nos tribunaux. Une même monnaie sous des coins différents ; les mêmes poids, les mêmes mesures, les mêmes lois, etc. etc. L'Europe, disait-il, n'eût bientôt fait de la sorte véritablement qu'un même peuple, et chacun en voyageant partout, se fût trouvé toujours, dans la patrie commune.

Emmanuel-Auguste-Dieudonné-Marius de Las Cases,
Mémorial de Sainte-Hélène, 24 août 1816 (1822–1823).

Pour lire le texte original en ligne (édition de 1823) :
https://babel.hathitrust.org/cgi/pt?id=nyp.33433069328346

---

i   https://commons.wikimedia.org/wiki/File:Napoléon_Ier_dictant_ses_mémoires.jpg

69. Connaître le monde pour le rendre meilleur

La découverte de l'Amérique a eu, d'après Condorcet, un impact considérable pour l'humanité entière et la liberté des peuples en Europe comme ailleurs. Il espère un avenir républicain pacifique.

C'est à cette époque seulement que l'homme a pu connaître le globe qu'il habite ; étudier, dans tous les pays, l'espèce humaine modifiée par la longue influence des causes naturelles ou des institutions sociales ; observer les productions de la terre ou des mers dans toutes les températures, dans tous les climats. Ainsi, les ressources de toute espèce, que ces productions offrent aux hommes, encore si éloignés d'en avoir épuisé, d'en soupçonner même l'entière étendue, tout ce que la connaissance de ces objets peut ajouter aux sciences de vérités nouvelles, et détruire d'erreurs accréditées ; l'activité du commerce, qui a fait prendre un nouvel essor à l'industrie, à la navigation, et, par un enchaînement nécessaire, à toutes les sciences comme à tous les arts ; la force que cette activité a donnée aux nations libres pour résister aux tyrans, aux peuples asservis pour briser leurs fers, pour relâcher du moins ceux de la féodalité : telles ont été les conséquences heureuses de ces découvertes. Mais ces avantages n'auront expié ce qu'ils ont coûté à l'humanité, qu'au moment où l'Europe, renonçant au système oppresseur et mesquin d'un commerce de monopole, se souviendra que les hommes de tous les climats, égaux et frères par le vœu de la nature, n'ont point été formés par elle pour nourrir l'orgueil et l'avarice de quelques nations privilégiées ; qu'au moment où, mieux éclairée sur ses véritables intérêts, elle appellera tous les peuples au partage de son indépendance, de sa liberté et de ses lumières. Malheureusement, il faut se demander encore si cette révolution sera le fruit honorable des progrès de la philosophie, ou seulement, comme nous l'avons vu déjà, la suite honteuse des jalousies nationales et des excès de la tyrannie.

Marie-Jean-Antoine-Nicolas de Caritat, marquis de Condorcet,
Esquisse d'un tableau historique des progrès de l'esprit humain (1794).

Pour lire le texte original en ligne (édition de 1822) :
https://books.google.de/books?id=hRIPAAAAQAAJ
&printsec=frontcover

70. La fin des guerres en Europe ?

Benjamin Constant (1767–1830[i]), dans De l'esprit de conquête et de l'usurpation dans leurs rapports avec la civilisation européenne *(1814[ii]), inclut un chapitre intitulé « De l'esprit de conquête dans l'état actuel de l'Europe ». Il revient sur une idée qui lui est chère : l'époque des guerres est (ou devrait être) révolue.*

Un gouvernement qui voudrait aujourd'hui pousser à la guerre et aux conquêtes un peuple européen, commettrait donc un grossier et funeste anachronisme. Il travaillerait à donner à sa nation une impulsion contraire à la nature. Aucun des motifs qui portaient les hommes d'autrefois à braver tant de périls, à supporter tant de fatigues, n'existant pour les hommes de nos jours, il faudrait leur offrir d'autres motifs, tirés de l'état actuel de la civilisation, il faudrait les animer aux combats par ce même amour des jouissances, qui, laissé à lui-même, ne les disposerait qu'à la paix. Notre siècle, qui apprécie tout par l'utilité, et qui, lorsqu'on veut le sortir de cette sphère, oppose l'ironie à l'enthousiasme réel ou factice, ne consentirait pas à se repaître d'une gloire stérile, qu'il n'est plus dans nos habitudes de préférer à toutes les autres. À la place de cette gloire, il faudrait mettre le plaisir, à la place du triomphe, le pillage. L'on frémira, si l'on réfléchit à ce que serait l'esprit militaire, appuyé sur ces seuls motifs.

Benjamin Constant,
De l'esprit de conquête et de l'usurpation dans leurs rapports
avec la civilisation européenne (1814).

i   https://www.flickr.com/photos/fdctsevilla/4189272153
ii   http://gallica.bnf.fr/ark:/12148/bpt6k1157300

DE L'ESPRIT

DE CONQUÊTE

ET

DE L'USURPATION,

DANS LEURS RAPPORTS

AVEC LA CIVILISATION EUROPÉENNE.

Par BENJAMIN DE CONSTANT-REBECQUE,
MEMBRE DU TRIBUNAT, ÉLIMINÉ EN 1802, CORRESPONDANT DE LA
SOCIÉTÉ ROYALE DES SCIÈNCES DE GOTTINGUE.

TROISIÈME ÉDITION,

REVUE ET AUGMENTÉE.

PARIS,

Chez { LE NORMANT, Libraire, rue de Seine, n° 8 ;
      { H. NICOLLE, Libraire, même rue, n° 12.

M. DCCC. XIV.

Pour lire le texte original en ligne (édition de 1814) :
http://gallica.bnf.fr/ark:/12148/bpt6k1157300

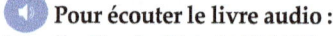

 **Pour écouter le livre audio :**
http://gallica.bnf.fr/ark:/12148/bpt6k1157300/f4.vocal

71. Visions d'avenir

Selon le témoignage de ses proches, si Napoléon (1769–1821[i]), prisonnier à Sainte-Hélène, est conscient d'avoir échoué dans ses projets de conquête, il n'en affirme pas moins que l'avenir européen passe par une plus grande union.

L'impulsion est donnée, et je ne pense pas qu'après ma chute et la disparition de mon système, il y ait en Europe d'autre grand équilibre possible que l'agglomération et la confédération des grands peuples.

Napoléon Bonaparte, propos rapporté par Las Cases,
Mémorial de Sainte-Hélène (1822–1823).

Pour lire le texte original en ligne (édition de 1823) :
https://babel.hathitrust.org/cgi/pt?id=nyp.33433069328346

---

i   https://commons.wikimedia.org/wiki/File:Napoleon_crop.jpg

72. Critique de l'eurocentrisme

Clairement lecteur du Voltaire de Micromégas, *Cadalso écrit ici à son ami le fabuliste Iriarte et témoigne, dans ce propos moqueur, de la circulation des images, des textes et des idées à travers toute l'Europe, et de la conscience prise par les intellectuels espagnols des Lumières du retard dont pâtissait leur pays.*

Dans le café le plus fréquenté de l'une des villes principales de la Planète que nous appelons Saturne, on a l'habitude de lire les gazettes les plus authentiques et, dans le dernier paragraphe de l'une d'elles, il se trouvait la nouvelle ci-dessous, qui a été le motif de toutes les conversations dans tous les états politique, ecclésiastique, militaire, scholastique et juridique de ces contrées. Elle est arrivée jusqu'à moi comme par la magie d'une de mes voisines qui est sorcière, et où on peut lire :

> « Dans un petit globe composé de solide et de liquide qui tourne autour du grand et unique luminaire, il y a une petite partie appelée Europe, habitée par des animalcules extrêmement méprisables qui s'appellent hommes. Une partie de ladite Europe presque inculte et dépeuplée s'appelle Espagne. »

Lettre de José Cadalso à Tomás de Iriarte (vers 1774).

Pour lire le texte original en ligne :
http://www.cervantesvirtual.com/obra/cartas-de-cadalso-a-toms-de-iriarte-0/

73. Hégémonie politique et union européenne

Napoléon à Sainte-Hélène évoque la dimension pan-européenne de son projet politique devant Las Cases et montre que, pour lui, le projet d'un grand Empire avait des enjeux sur des plans multiples mais constituait aussi une occasion historique sans précédent.

Une de mes plus grandes pensées avait été l'agglomération, la concentration des mêmes peuples géographiques qu'ont dissous, morcelés les révolutions et la politique. Ainsi, l'on compte en Europe, bien qu'épars, plus de trente millions de Français, quinze millions d'Espagnols, quinze millions d'Italiens, trente millions d'Allemands : j'eusse voulu faire de chacun de ces peuples un seul et même corps de nation. C'est avec un tel cortège qu'il eût été beau de s'avancer dans la postérité et la bénédiction des siècles. Je me sentais digne de cette gloire.

Après cette simplification sommaire, il eût été plus possible de se livrer à la chimère du beau idéal de la civilisation : c'est dans cet état de choses qu'on eût trouvé plus de chances d'amener partout l'unité des codes, celle des principes, des opinions, des sentiments, des vues et des intérêts. Alors peut-être à la faveur des lumières universellement répandues, devenait-il permis de rêver, pour la grande famille européenne, l'application du congrès américain, ou celle des Amphictyons de la Grèce[i] ; et quelle perspective alors de force, de grandeur, de jouissance, de prospérité ! Quel grand et magnifique spectacle.

Napoléon Bonaparte, propos du 11 novembre 1816, cité par Las Cases,
Mémorial de Sainte-Hélène (1822–1823).

Pour lire le texte original en ligne (édition de 1823) :
https://babel.hathitrust.org/cgi/pt?id=nyp.33433069328346

---

i   Le Conseil des Amphictyons, à Delphes, également proposé comme modèle par Henri IV, selon ce que rapporte Sully, se donnait pour objet la régulation des affaires publiques.

74. L'Europe sans frontières

Si de nombreux auteurs mettent en évidence les échanges que permet la paix,
il revient au marquis de Pezay de trouver une expression épigrammatique des
conséquences heureuses de telles relations : « Un peuple fait rarement la guerre
à un peuple avec lequel il commerce beaucoup. »

Après l'avantage que retire le voyageur de la perfection des chemins
ouverts dans presque toutes les parties de l'Europe, il naît de cette
multiplicité des routes, une idée plus satisfaisante que la commodité
même qu'elle procure.

La commodité du voyageur n'est rien : elle n'est presque que
l'inconvénient de la chose, en comparaison des autres buts d'utilité
grave, auxquels touche directement la perfection des grandes routes. En
effet quand les roches se hérisseraient encore à la rencontre des chars
de la mollesse, quand moins d'hommes riches s'amolliraient dans des
carrosses, et qu'un plus grand nombre évertueraient, à cheval, leurs
membres assoupis comme leurs âmes, il n'y aurait pas grand mal.
Mais un bien réel, mais un bien d'où mille autres dérivent, c'est l'appel
universel fait à tous les Commerçants de l'univers, par cette facilité des
routes, et celle de l'échange des denrées qui la suit ; c'est la chaîne de la
société affermie, et étendue par le pouvoir des besoins mutuels, satisfaits
par la commodité de cet échange ; c'est la multiplicité des rapports qui
en naissent de peuple à peuple ; ce sont les préjugés nationaux étouffés,
ou au moins affaiblis par le commerce des Nations ; c'est la douceur
des mœurs, la perfection des arts et la paix. Un peuple fait rarement la
guerre à un peuple avec lequel il commerce beaucoup.

Alexandre-Frédéric-Jacques de Masson de Pezay,
Les soirées Helvétiennes, Alsaciennes et Franc-Comtoises (1771).

Pour lire le texte original en ligne (édition de 1771) :
https://books.google.co.uk/books?id=G5sOAAAAQAAJ
&printsec=frontcover

75. Des Influences multiples

Véritable Européen, avec des attaches en Suisse, au Royaume-Uni et en Italie, proche de Germaine de Staël et des autres membres du groupe de Coppet, Jean-Charles Simonde de Sismondi, au moment de se lancer dans une présentation de la littérature du Midi de l'Europe, reconnaît l'importance de différentes traditions qu'il regrette de ne pas mieux maîtriser. Il accorde dans son ouvrage une large place à la philosophie, à la poésie et aux sciences arabes, comme moteurs du développement culturel.

Je ne sais aucune des langues orientales, et cependant c'est l'arabe qui, dans le Moyen Âge, a donné une impulsion toute nouvelle à la littérature de l'Europe, et a changé la direction de l'esprit humain. Je ne sais aucune des langues slaves, et cependant les Polonais et les Russes vantent des richesses littéraires dont je ne pourrai entretenir brièvement mes lecteurs que sur la foi d'autrui. Parmi les langues teutoniques, je ne sais que l'anglais et l'allemand ; et la littérature des Hollandais, des Danois, des Suédois, ne pourra m'être accessible que d'une manière imparfaite, au travers des traductions allemandes. Cependant, les langues dont je puis rendre un compte sommaire sont celles où il existe le plus grand nombre de chefs-d'œuvre, celles en même temps dont l'esprit est le plus original et le plus nouveau, et la carrière que je me propose de parcourir est encore suffisamment étendue.

Jean-Charles Simonde de Sismondi,
De la littérature du Midi de l'Europe (1813).

Pour lire le texte original en ligne (édition de 1837) :
https://books.google.fr/books?id=LLnJzFIoWcoC
&&printsec=frontcover

76. Quel avenir pour l'Europe ?

Jean de Muller [Johannes von Müller] (1752–1809[i]), érudit suisse, en commerce épistolaire suivi avec des écrivains contemporains, évoque, dans une lettre, en 1778, l'importance de l'histoire pour tenter de comprendre ce que l'avenir peut nous réserver. Il sent que l'équilibre européen est sur le point de changer.

On ne sait pas à quel point l'histoire est belle ; mais on ne sait pas non plus combien de connaissances l'historien doit réunir. On pourrait dire qu'il lui faut toutes celles qu'un roi devrait posséder, puisqu'il est obligé d'écrire sur toutes les parties de l'administration. Le mauvais succès de Burgoyne[ii] doit être une leçon pour nos historiens ; car, comme il se prépare des temps où notre Europe ne sera peut-être plus la première des quatre parties du monde, les bagatelles locales qui n'ont d'importance à présent que pour nos princes, seront alors totalement oubliées. On considérera l'histoire ancienne et moderne sous le même point de vue ;

---

i   https://commons.wikimedia.org/wiki/File:JvMueller.jpg
ii   L'épistolier écrit Bourgoyne. Il s'agit d'une allusion à un célèbre militaire britannique, John Burgoyne (1722–1792). Pris en étau par les forces américaines, alors qu'il tentait de mettre fin à la rébellion en Nouvelle-Angleterre, il dut se rendre, avec les 6200 hommes qu'il commandait le 17 octobre 1777, ce qui marqua un tournant dans la guerre d'indépendance.

elle sera par rapport aux nouvelles révolutions que l'avenir doit amener, un dépôt de maximes politiques, dont chacune trouvera tôt ou tard son application. L'Europe joue peut-être son dernier acte, et nous serons, par la suite, plus en état qu'à présent, d'apprécier chaque incident du grand drame dont le dénouement s'approche, et de lui assigner dans nos annales la place qui lui convient.

Müller, Jean de, Lettre L (1778),
Lettres de Jean de Müller à ses amis De Bonstetten et Gleim.

Pour lire le texte original en ligne :
http://gallica.bnf.fr/ark:/12148/bpt6k9633042c

Pour écouter le livre audio :
http://gallica.bnf.fr/ark:/12148/bpt6k9633042c/f9.vocal

77. Le caractère des échanges modernes

Benjamin Constant, dans De la liberté des anciens comparée à celle des modernes *(1819), un discours prononcé à l'Athénée royal de Paris, revient sur les échanges commerciaux comme l'expression des relations européennes ayant, estime-t-il, supplanté la guerre.*

La division même de l'Europe en plusieurs États, est, grâce aux progrès des lumières, plutôt apparente que réelle. Tandis que chaque peuple, autrefois, formait une famille isolée, ennemie née des autres familles, une masse d'hommes existe maintenant sous différents noms, et sous divers modes d'organisation sociale, mais homogène de sa nature. Elle est assez forte pour n'avoir rien à craindre des hordes barbares. Elle est assez éclairée pour que la guerre lui soit à charge. Sa tendance uniforme est vers la paix.

Cette différence en amène une autre. La guerre est antérieure au commerce ; car la guerre et le commerce ne sont que deux moyens différents d'atteindre le même but, celui de posséder ce que l'on désire. Le commerce n'est qu'un hommage rendu à la force du possesseur par l'aspirant à la possession. C'est une tentative pour obtenir de gré à gré ce qu'on n'espère plus conquérir par la violence. Un homme qui serait toujours le plus fort n'aurait jamais l'idée du commerce. C'est l'expérience qui, en lui prouvant que la guerre, c'est-à-dire, l'emploi de sa force contre la force d'autrui, l'expose à diverses résistances et à divers échecs, le porte à recourir au commerce, c'est-à-dire, à un moyen plus doux et plus sûr d'engager l'intérêt d'un autre à consentir à ce qui convient à son intérêt. La guerre est l'impulsion, le commerce est le calcul. Mais par la même il doit venir une époque où le commerce remplace la guerre. Nous sommes arrivés à cette époque.

Je ne veux point dire qu'il n'y ait pas eu chez les anciens des peuples commerçants. Mais ces peuples faisaient en quelque sorte exception à la règle générale. [...] Le commerce alors était un accident heureux, c'est aujourd'hui l'état ordinaire, le but unique, la tendance universelle, la vie véritable des nations. Elles veulent le repos, avec le repos l'aisance, et comme source de l'aisance, l'industrie. La guerre est chaque jour un moyen plus inefficace de remplir leurs vœux. Ses chances n'offrent plus ni aux individus, ni aux nations des bénéfices qui égalent les résultats du travail paisible et des échanges réguliers. Chez les anciens, une guerre heureuse ajoutait en esclaves, en tributs, en terres partagées, à la richesse publique et particulière. Chez les modernes, une guerre heureuse coûte infailliblement plus qu'elle ne vaut.

Enfin, grâce au commerce, à la religion, aux progrès intellectuels et moraux de l'espèce humaine, il n'y a plus d'esclaves chez les nations européennes. Des hommes libres doivent exercer toutes les professions, pourvoir à tous les besoins de la société.

Benjamin Constant,
De la liberté des anciens comparée à celle des modernes (1819).

Pour lire le texte original en ligne (édition de 1819) :
http://etienne.chouard.free.fr/Europe/Docs/Constant_
Benjamin_Liberte_anciens_modernes_1819.pdf

78. L'Unité par les mesures

*Les mêmes repères doivent fournir une culture commune selon Laplace,
mathématicien et sénateur, qui défend en 1813 la propagation d'un système
unique de poids et mesures sous Napoléon.*

Grâce à son Génie, l'Europe entière ne formera bientôt qu'une immense
famille, unie par la même religion, le même Code des lois et les mêmes
mesures.

Pierre-Simon Laplace,
Exposition du système du monde (1813).

Pour lire le texte original en ligne (édition de 1813) :
https://archive.org/details/expositiondusys01laplgoog

79. Le couple franco-allemand comme pilier de la paix en Europe

Victor Hugo (1802–1885[i]), poète, romancier, dramaturge et homme politique du Romantisme français, publie son récit de voyage en Allemagne en 1842. Le récit est suivi d'une deuxième version élargie en 1845, intitulée « Le Rhin », lettres à un ami. L'auteur y réfléchit sur les particularités de la relation franco-allemande et son importance pour la paix en Europe.

Que reste-t-il donc de tout ce vieux monde ? Qui est-ce qui est encore debout en Europe ? Deux nations seulement : la France et l'Allemagne. Eh bien, cela pourrait suffire. La France et l'Allemagne sont essentiellement l'Europe. L'Allemagne est le cœur ; la France est la tête. L'Allemagne et la France sont essentiellement la civilisation. L'Allemagne sent ; la France pense. Le sentiment et la pensée, c'est tout l'homme civilisé. Il y a entre les deux peuples connexion intime, consanguinité incontestable. Ils sortent des mêmes sources ; ils ont lutté ensemble contre les Romains ; ils sont frères dans le passé, frères dans le présent, frères dans l'avenir. Leur mode de formation a été le même. Ils ne sont pas des insulaires, ils ne sont pas des conquérants ; ils sont les vrais fils du sol européen. […]

Il faut, pour que l'univers soit en équilibre, qu'il y ait en Europe, comme la double clef de voûte du continent, deux grands états du Rhin, tous deux fécondés et étroitement unis par ce fleuve régénérateur ; l'un septentrional et oriental, l'Allemagne, s'appuyant à la Baltique, à l'Adriatique et à la mer Noire, avec la Suède, le Danemark, la Grèce et les principautés du Danube pour arcs-boutants ; l'autre, méridional et

---

i   https://commons.wikimedia.org/wiki/File:Victor_Hugo_001.jpg

occidental, la France, s'appuyant à la Méditerranée et à l'océan, avec l'Italie et l'Espagne pour contreforts. [...]

L'Europe doit se défendre. L'ancienne Europe, qui était d'une construction compliquée, est démolie ; l'Europe actuelle est d'une forme plus simple. Elle se compose essentiellement de la France et de l'Allemagne, double c auquel doit s'appuyer au nord comme au midi le groupe des nations. L'alliance de la France et de l'Allemagne, c'est la constitution de l'Europe. L'Allemagne adossée à la France arrête la Russie ; la France amicalement adossée à l'Allemagne arrête l'Angleterre. La désunion de la France et de l'Allemagne, c'est la dislocation de l'Europe. L'Allemagne hostilement tournée vers la France laisse entrer la Russie ; la France hostilement tournée vers l'Allemagne laisse pénétrer l'Angleterre. [...]

Heureusement, ni la France ni l'Allemagne ne sont égoïstes. Ce sont deux peuples sincères, désintéressés et nobles, jadis nations de chevaliers, aujourd'hui nations de penseurs ; jadis grands par l'épée, aujourd'hui grands par l'esprit. Leur présent ne démentira pas leur passé ; l'esprit n'est pas moins généreux que l'épée. Voici la solution : abolir tout motif de haine entre les deux peuples ; fermer la plaie faite à notre flanc en 1815 ; effacer les traces d'une réaction violente ; rendre à la France ce que Dieu lui a donné, la rive gauche du Rhin. [...]

Dans un temps donné, la France aura sa part du Rhin et ses frontières naturelles.

Cette solution constituera l'Europe, sauvera la sociabilité humaine et fondera la paix définitive. Tous les peuples y gagneront. L'Espagne, par exemple, qui est restée illustre, pourra redevenir puissante. L'Angleterre voudrait faire de l'Espagne le marché de ses produits, le point d'appui de sa navigation ; la France voudrait faire de l'Espagne la sœur de son influence, de sa politique et de sa civilisation. Ce sera à l'Espagne de choisir : continuer de descendre, ou commencer à remonter ; être une annexe à Gibraltar, ou être le contrefort de la France. L'Espagne choisira la grandeur. Tel est, selon nous, pour le continent entier, l'inévitable avenir, déjà visible et distinct dans le crépuscule des choses futures. Une fois le motif de haine disparu, aucun peuple n'est à craindre pour l'Europe. Que l'Allemagne hérisse sa crinière et pousse son rugissement vers l'orient ; que la France ouvre ses ailes et secoue sa foudre vers l'occident. Devant le formidable accord du lion et de l'aigle, le monde obéira.

Qu'on ne se méprenne pas sur notre pensée ; nous estimons que l'Europe doit, à toute aventure, veiller aux révolutions et se fortifier contre les guerres, mais nous pensons en même temps que, si aucun incident hors des prévisions naturelles ne vient troubler la marche majestueuse du dix-neuvième siècle, la civilisation, déjà sauvée de tant d'orages et de tant d'écueils, ira s'éloignant de plus en plus chaque jour de cette Charybde qu'on appelle guerre et de cette Scylla qu'on appelle révolution.

Utopie, soit. Mais, qu'on ne l'oublie pas, quand elles vont au même but que l'humanité, c'est-à-dire vers le bon, le juste et le vrai, les utopies d'un siècle sont les faits du siècle suivant. Il y a des hommes qui disent : *cela sera* ; et il y a d'autres hommes qui disent : *voici comment*. Les premiers cherchent ; les seconds trouvent. La paix perpétuelle a été un rêve jusqu'au jour où le rêve s'est fait chemin de fer et a couvert la terre d'un réseau solide, tenace et vivant. Watt[ii] est le complément de l'abbé de Saint-Pierre. [....]

Pour que la paix perpétuelle fût possible et devînt de théorie réalité, il fallait deux choses : un véhicule pour le service rapide des intérêts, et un véhicule pour l'échange rapide des idées ; en d'autres termes, un mode de transport uniforme, unitaire et souverain, et une langue générale. Ces deux véhicules, qui tendent à effacer les frontières des empires et des intelligences, l'univers les a aujourd'hui ; le premier, c'est le chemin de fer ; le second, c'est la langue française.

Tels sont au dix-neuvième siècle, pour tous les peuples en voie de progrès, les deux moyens de communication, c'est-à-dire de civilisation, c'est-à-dire de paix. On va en wagon et l'on parle français. [...]

Reprenons. Dans notre pensée donc, si l'avenir amène ce que nous attendons, les chances de guerre et de révolution iront diminuant de jour en jour. À notre sens, elles ne disparaîtront jamais tout à fait. La paix universelle est une hyperbole dont le genre humain suit l'asymptote. Suivre cette radieuse asymptote, voilà la loi de l'humanité.

---

ii   James Watt (1736–1819), ingénieur écossais qui a eu une importance considérable pour le développement du système ferroviaire.

Au dix-neuvième siècle toutes les nations y marchent ou y marcheront, même la Russie, même l'Angleterre.

Victor Hugo, « Le Rhin » (1842–1845).

Pour lire le texte original en ligne (édition de 1884) :
http://gallica.bnf.fr/ark:/12148/bpt6k37469b

 **Pour écouter le livre audio :**
http://gallica.bnf.fr/ark:/12148/bpt6k37469b/f3.vocal

Bibliographie

Boccage, Marie-Anne du : *Œuvres, Lettres sur l'Angleterre, la Hollande et l'Italie*, Lyon, Frères Périsse, 1770, t. III, p. 13, p. 37.
http://gallica.bnf.fr/ark:/12148/bpt6k107281v
http://gallica.bnf.fr/ark:/12148/bpt6k107281v/f2.vocal (livre audio)

Boswell, James : Boswell's *Life of Johnson: Including their Tour to the Hebrides*, éd. John Wilson Croker, London, John Murray, 1876, p. 269.
https://books.google.co.uk/books?id=po8EAQAAIAAJ&printsec=frontcover

Cadalso, José : *Cartas marruecas*, Biblioteca virtual Miguel de Cervantes.
https://es.wikisource.org/wiki/Cartas_marruecas:_02 (éd. espagnole)

Cadalso, José : *Lettre à Tomás de Iriarte*, vers 1774, Biblioteca Nacional de Madrid, Ms. K, 356.
http://www.cervantesvirtual.com/obra-visor/cartas-de-cadalso-a-toms-de-iriarte-0/html/01de8e8a-82b2-11df-acc7-002185ce6064_2.html

Caraccioli, Louis-Antoine : *Paris, le modèle des nations étrangères ou l'Europe française*, Paris, Duchesne, 1777, p. 1–3, p. 52–58, p. 84–98, p. 169–78, p. 246–52, p. 350–58.
http://gallica.bnf.fr/ark:/12148/bpt6k1156961
http://gallica.bnf.fr/ark:/12148/bpt6k1156961/f3.vocal (livre audio)

Caraccioli, Louis-Antoine : *Lettres récréatives et morales sur les mœurs du temps*, Paris, Nyon, 1767, t. II, p. 289, p. 297–98.
https://books.google.co.uk/books?id=rm0PAAAAQAAJ&printsec=frontcover

Condorcet, Marie-Jean-Antoine-Nicolas de Caritat, marquis de : *Esquisse d'un tableau historique des progrès de l'esprit humain*, Paris, Masson, 1822, p. 157–58, p. 213.
https://books.google.de/books?id=hRIPAAAAQAAJ&printsec=frontcover

Constant, Benjamin : *De l'esprit de conquête et de l'usurpation dans leurs rapports avec la civilisation européenne*, Paris, Le Normant, 1814, p. 17–18.
http://gallica.bnf.fr/ark:/12148/bpt6k1157300
http://gallica.bnf.fr/ark:/12148/bpt6k1157300/f4.vocal (livre audio)

Constant, Benjamin : *De la liberté des anciens comparée à celle des modernes, Collection complète des ouvrages, publiés sur le gouvernement représentatif et la constitution actuelle, ou Cours de politique constitutionnelle*, 4ᵉ vol., Paris, Béchet et Rouen, Béchet fils, 1820, p. 245–48.
http://etienne.chouard.free.fr/Europe/Docs/Constant_Benjamin_Liberte_anciens_modernes_1819.pdf

Coyer, Gabriel : *Voyage d'Italie et de Hollande*, Paris, Veuve Duchesne, 1775, 2 t. en 1 vol., t. II, p. 53.
http://gallica.bnf.fr/ark:/12148/bpt6k103467z

Espiard de La Borde, François Ignace d' : *Esprit des nations*, La Haye, Beauregard, 1752 ; chap. II Des causes physiques du génie des nations, t. I, p. 4–7 ; t. II, p. 218–22.
https://books.google.co.uk/books?id=o2Q9AQAAMAAJ&printsec=frontcover (éd. de 1753)

Gibbon, Edward : *Histoire de la décadence et de la chute de l'Empire romain*, Paris, Lefèvre, 1819, t. VII, p. 117–18.
https://books.google.co.uk/books?id=3HD85QrhIbEC&printsec=frontcover
https://www.gutenberg.org/files/25717/25717-h/25717-h.htm (éd. anglaise)

Graffigny, Françoise de : *Lettres d'une Péruvienne*, Genève, 1777, p. 78–79.
http://gallica.bnf.fr/ark:/12148/bpt6k62721455
http://gallica.bnf.fr/ark:/12148/bpt6k62721455/f4.vocal (livre audio)

Herder, Johann Gottfried : *Idées sur la philosophie de l'histoire de l'humanité*, Paris, Levrault, 1827, t. 1–3, t. I, p. 47–48, p. 127–79, p. 332 ; t. III, p. 200.
http://gallica.bnf.fr/ark:/12148/bpt6k68507x (éd. de 1828)
http://gallica.bnf.fr/ark:/12148/bpt6k68507x/f8.vocal (livre audio)
https://books.google.co.uk/books?id=GegOAAAAQAAJ&printsec=frontcover (éd. allemande)

Hugo, Victor : « Le Rhin » (1842–1845), dans *Œuvres complètes, Le Rhin II*, Paris, Hetzel/Quentin, 1884, p. 370–71, p. 372–73, p. 318–19, p. 420, p. 421–22, p. 423, p. 424, p. 425–26.
http://gallica.bnf.fr/ark:/12148/bpt6k37469b
http://gallica.bnf.fr/ark:/12148/bpt6k37469b/f3.vocal (livre audio)

Hume, David : *Discours politiques traduits de l'anglais*, Amsterdam/Paris, Michel Lambert, 1754, t. I, p. 59–65, p. 252–62.
http://gallica.bnf.fr/ark:/12148/bpt6k111321p
http://gallica.bnf.fr/ark:/12148/bpt6k111321p/f3.vocal (livre audio)
https://books.google.co.uk/books?id=m0gVAAAAQAAJ&printsec=frontco ver (éd. anglaise)

Iriarte, Tomás de : « Fable XLI. Le thé et la sauge », *Fábulas literarias*, Madrid, Imprenta Real, 1782, p. 80.
http://albalearning.com/audiolibros/iriarte/41te.html
http://albalearning.com/SONIDO/iriarte/albalearning-41te_iriarte.mp3 (livre audio)

Jaucourt, Louis de : « Europe », dans *Encyclopédie ou Dictionnaire raisonné des sciences, des arts et des métiers*, Paris, Briasson, David, Le Breton et Durand 1751, t. I, p. 211–12.
https://commons.wikimedia.org/w/index.php?title=Category: Encyclopédie_Volume_1

Kant, Emmanuel [*sic*] : *Essai philosophique sur la paix perpétuelle* (1796), Paris, Fischbacher, 1880, p. 4, p. 18–25, p. 37–38.
http://gallica.bnf.fr/ark:/12148/bpt6k75749w
http://gallica.bnf.fr/ark:/12148/bpt6k75749w/f7.vocal (livre audio)

Kant, Immanuel : *Idee zu einer universellen Geschichte in weltbürgerlicher Absicht*, *Gesammelte Schriften*, herausgegeben von der königlich preußischen Akademie der Wissenschaften und Nachfolgern, Berlin 1900, t. VIII, p. 17–31.
http://gutenberg.spiegel.de/buch/-3506/1

Laplace, Pierre-Simon, *Exposition du système du monde*, 4ᵉ éd., Paris, Veuve Courcier, 1813, t. I, p. 142.
https://archive.org/details/expositiondusys01laplgoog

Las Cases, Emmanuel-Auguste-Dieudonné-Marius de : *Mémorial de Sainte-Hélène*, Bruxelles, Remy, 1824, t. VII, p. 158.
https://babel.hathitrust.org/cgi/pt?id=nyp.33433069328346 (éd. de 1823)

Leprince de Beaumont, Marie : *Magasin des adolescentes ou Dialogues entre une sage gouvernante, et plusieurs de ses élèves de la première distinction*, Londres, 1760, t. II, p. 117–18.
http://gallica.bnf.fr/ark:/12148/bpt6k5773041g
http://gallica.bnf.fr/ark:/12148/bpt6k5773041g/f2.vocal (livre audio)

Leszczynski, Stanislas : *Entretien d'un Européen avec un insulaire du Royaume de Dumocala*, Nancy, 1752, p. 60–64.
http://gallica.bnf.fr/ark:/12148/bpt6k84469n

Masson de Pezay, Alexandre-Frédéric-Jacques de, *Les soirées Helvétiennes, Alsaciennes et Franc-Comtoises*, Amsterdam 1771, p. 310–11.
https://books.google.co.uk/books?id=G5sOAAAAQAAJ&printsec=frontcover

Melon, Jean-François : *Essai Politique sur le Commerce*, Amsterdam, François Changuion, 1735, p. 102.
https://books.google.co.uk/books?id=7phaAAAAcAAJ&printsec=frontcover

Montesquieu (Charles-Louis de Secondat, baron de La Brède et de Montesquieu) : *L'Esprit des lois*, XXI, 21 (1748), Paris, Lavigne, 1845, p. 256–59.
http://classiques.uqac.ca/classiques/montesquieu/de_esprit_des_lois/partie_4/esprit_des_lois_Livre_4.pdf

Montesquieu : *Lettres persanes*, lettre CXXXI (1721), éd. André Lefèvre, Paris, Lemerre, 1873, t. II, p. 90–93.
https://fr.wikisource.org/wiki/Lettres_persanes

Muratori, Louis-Antoine : *Traité sur le bonheur public* (1749), Lyon, Reguillat 1772, t. I, p. 344, p. 406.
http://gallica.bnf.fr/ark:/12148/bpt6k97526099?rk=42918;4
http://gallica.bnf.fr/ark:/12148/bpt6k97526099.vocal?rk=42918;4 (livre audio)
https://archive.org/details/bub_gb_3SRnd5k3HHsC (éd. italienne)

Muller, Jean de [Johannes von Müller], Lettre L. dans *Lettres de Jean de Muller à ses amis MM. de Bonstetten et Gleim*, Paris, Schoell, 1812.
http://gallica.bnf.fr/ark:/12148/bpt6k9633042c
http://gallica.bnf.fr/ark:/12148/bpt6k9633042c/f9.vocal (livre audio)

Napoléon, *Correspondance de Napoléon Ier*, Paris, Plon et Dumaine, 1858–1870.
http://gallica.bnf.fr/ark:/12148/bpt6k6296221w
http://gallica.bnf.fr/ark:/12148/bpt6k6296221w/f9.vocal (livre audio)

Nivernais, Louis-Jules Barbon Mancini-Mazarini, duc de, *Fables de Mancini-Nivernois* publiées par l'auteur, Paris, Didot, 1796, t. II, p. 142.
https://archive.org/details/fablesdemancinin02nive

Novalis, *La Chrétienté ou l'Europe* (1799).
http://www.zeno.org/Literatur/M/Novalis/Essay/Die+Christenheit+oder+Europa

Robertson, William : *Histoire du règne de l'empereur Charles-Quint, Précédée d'un Tableau des progrès de la Société en Europe, depuis la destruction de l'Empire Romain jusqu'au commencement du seizième Siècle,* Maestricht, Dufour et Roux, 1783, t. I, p. 146–48.
http://gallica.bnf.fr/ark:/12148/bpt6k1161024 (éd. de 1771)
http://gallica.bnf.fr/ark:/12148/bpt6k1161024/f5.vocal (livre audio)
https://archive.org/details/historyreignemp27robegoog (éd. anglaise)

Robertson, William, Traduction tirée des *Extraits de l'Introduction à l'histoire de Charles-Quint, et précis des troubles civils de Castille,* par Robertson ; traduits par MM. Dufau et Guadet, Paris, Béchet aîné, 1823, p. 126.
http://gallica.bnf.fr/ark:/12148/bpt6k6209798m
http://gallica.bnf.fr/ark:/12148/bpt6k6209798m/f9.vocal (livre audio)

Rousseau, Jean-Jacques, *Considérations sur le gouvernement de Pologne,* Londres, s.n., 1782.
http://gallica.bnf.fr/ark:/12148/bpt6k9626109r
http://gallica.bnf.fr/ark:/12148/bpt6k9626109r/f7.vocal (livre audio)

Rousseau, Jean-Jacques, *Œuvres,* Paris, Defer de Maisonneuve, 1793, p. 413.

Rousseau, Jean-Jacques : *Extrait sur le Projet de paix perpétuel* (1761), dans J.-J. Rousseau, *Œuvres complètes,* Paris, Dalibon, 1826, t. VI, p. 400–08.
http://gallica.bnf.fr/ark:/12148/bpt6k2051816

Rousseau, Jean-Jacques : *Jugement sur la paix perpétuelle,* dans J.-J. Rousseau, *Œuvres complètes,* Paris, Dalibon, 1826, t. VI, p. 440–47.
http://gallica.bnf.fr/ark:/12148/bpt6k2051816

Saint-Just, Louis-Antoine-Léon de : *Œuvres,* Paris, Prévot, 1834, p. 218.
https://books.google.co.uk/books?id=ETsuAAAAMAAJ&printsec=frontcover

Saint-Pierre, Charles-Irénée Castel de : *Projet pour rendre la paix perpétuelle en Europe,* Utrecht, Antoine Schouten, 1713, t. I, préface, p. 112–13, p. 268–69, p. 283 ; t. II, p. 127–30, p. 308–09, p. 335–36.
http://gallica.bnf.fr/ark:/12148/bpt6k86492n?rk=21459;2 (tome I)
http://gallica.bnf.fr/ark:/12148/bpt6k864930?rk=42918;4 (tome II)

Simonde de Sismondi, Jean-Charles : *De la littérature du Midi de l'Europe,* Bruxelles, Dumont, 1837, t. I, p. 6, p. 48.
https://books.google.fr/books?id=LLnJzFIoWcoC&&printsec=frontcover

Schiller, Friedrich : « Ode an die Freude », dans *Schillers Werke, Nationalausgabe,* éd. Julius Petersen, Gedichte, Weimar, Böhlau, 1943, t. I, p. 169–72.
https://de.wikisource.org/wiki/Ode_an_die_Freude

Schlegel, Friedrich : « Reise nach Frankreich », dans *Europa. Eine Zeitschrift*, éd. F. Schlegel, Ersten Bandes erstes Stück, Frankfurt/M., Friedrich Wilmans, 1803, p. 31–34.
http://www.ub.uni-bielefeld.de/diglib/aufkl/europa/europa.htm

Schlegel, August Wilhelm : « Abriss von den europäischen Verhältnissen der deutschen Literatur», dans A.W. Schlegel, *Kritische Schriften*, Berlin, Georg Reimer, 1828, p. 1–14.

Staël, Germaine de : *De la littérature considérée dans ses rapports avec les institutions sociales* (1800), Paris, Crapelet, 1800, t. I, p. 296–312.
http://gallica.bnf.fr/ark:/12148/bpt6k61078256/f2.image
http://gallica.bnf.fr/ark:/12148/bpt6k61078256/f2.vocal (livre audio)

Staël, Germaine de : *Corinne ou l'Italie*, Paris, Librairie Stéréotipe, 1807, t. I, p. 50–51.
https://www.archive.org/stream/corinneoulitalie01stauoft

Staël, Germaine de : *De l'Allemagne*, Paris, Charpentier, 1841, t. II, p. 394 ; t. III, p. 542.
https://books.google.mu/books?id=pEZbAAAAQAAJ&printsec=frontcover

Supplément à l'Encyclopédie, Amsterdam, Rey, 1776, t. I, p. 93.
http://gallica.bnf.fr/ark:/12148/bpt6k50550x/f1.image

Sully, Maximilien de Béthune, duc de : *Mémoires de Maximilien de Béthune, Duc de Sully, principal ministre de Henri-le-Grand*, Londres, 1778, t. VIII, p. 304 , 314–16 , 317–19 , 327–28 , 340.
https://books.google.de/books?id=t-iAVIeyd8UC&printsec=frontcover

Torres Villarroel, Diego de : « Sonetos », dans *Entretenimientos del Numen. Varias poesías*, Salamanca, Impr. Antonio Joseph Villagordo y Alcaraz, 1751, t. VII, [n.p.].
http://www.cervantesvirtual.com/obra/sonetos--8/

Villers, Charles de : *Constitutions des trois villes libres-anséatiques, Lubeck, Brêmen et Hambourg, avec un Mémoire sur le rang que doivent occuper ces villes dans l'organisation commerciale de l'Europe*, Leipzig, Brockhaus, 1814, p. 98–143.
https://books.google.co.uk/books?id=deBYAAAAcAAJ&printsec=frontcover

Voltaire, *Essai sur les mœurs et l'esprit des nations*, 1756, dans *Œuvres de Voltaire*, éd. M. Beuchot, Paris, Lefèvre, 1829–1834, t. XVIII, p. 488–90.
http://gallica.bnf.fr/ark:/12148/bpt6k375239

Voltaire, *Le siècle de Louis XIV*, 1751, dans *Œuvres complètes de Voltaire*, Paris, Garnier, 1878, t. XIV, p. 159–75.
https://fr.wikisource.org/wiki/Le_Siècle_de_Louis_XIV

Vous pourriez également être intéressé par :

Tolerance
The Beacon of the Enlightenment
Translated by Caroline Warman, et al.

http://dx.doi.org/10.11647/OBP.0088
https://www.openbookpublishers.com/product/418

Denis Diderot
'Rameau's Nephew' — 'Le Neveu de Rameau'
A Multi-Media Bilingual Edition
Edited by M. Hobson. Translated by K.E. Tunstall and C. Warman. With music specially performed by the Conservatoire national supérieur de musique et de danse de Paris

http://dx.doi.org/10.11647/OBP.0098
https://www.openbookpublishers.com/product/498

Fiesco's Conspiracy at Genoa
Friedrich Schiller. Translated by Flora Kimmich, with an Introduction by John Guthrie

http://dx.doi.org/10.11647/OBP.0058
https://www.openbookpublishers.com/product/261

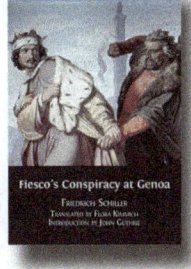